AF204979

GEBETE DER MENSCHHEIT

Ausgewählt, erläutert
und mit einem Nachwort
von Christian Lehnert

Mit Bildern
von Michael Triegel

Insel Verlag

Insel-Bücherei Nr. 1470

GEBETE DER MENSCHHEIT

INHALT

DER WEG INS GEBET

SAN JUAN DE LA CRUZ
In einer dunklen Nacht

In einer dunklen Nacht,
als Liebesflammen in mir leckten, das Begehren –
o Glück im Augenblick!
Unbemerkt ging ich hinaus.
Mein Haus war still, kein Laut war mehr zu hören.

Verdunkelt und vermummt,
in Sicherheit und auf geheimen Stufen –
o Glück im Augenblick! –
verdunkelt und versteckt,
mein Haus war still, kein Laut war mehr zu hören.

Im Glück der Nacht,
sorgsam verborgen, daß mich niemand sah,
war ich vollkommen blind,
kein andrer Halt, kein Licht
als das im Innern, das ein Brennen war.

Das führte mich
so sicher wie die Sonne im Zenit
zu ihm, der auf mich harrte,
mir so vertraut, ich starrte
dorthin, wo niemand sichtbar war.

O Nacht, du mein Geleit!
Du Nacht, mir lieber als das Morgenlicht!
Du Nacht, die stumm vereint
Geliebten mit Geliebter,
daß liebend eins im anderen verschwimmt.

An meiner Brust, sie blühte
zur Nacht für ihn, allein für ihn bewahrt,
dort schlief er ein.
Liebkosend hielt ich ihn.
Die Zedern atmeten, ein kühler Hauch.

Im Dämmern schon, im Dunst,
als ich ganz leicht in seinen Haaren spielte,
verletzt er meinen Hals
mit seiner warmen Hand,
und meine Sinne schwanden. Selbstvergessen

blieb ich zurück,

hielt das Gesicht geneigt zu dem Geliebten.

Verloschen alles und auch ich,

ganz sorglos ließ ich mich

und war vergessen unter hohen Lilien.

CZESŁAW MIŁOSZ
Vom Gebet

Du fragst mich, wie man zu einem beten soll, den es nicht gibt.
Ich weiß nur, daß Gebet eine samtene Brücke baut,
Auf der wir wippend wie auf einem Sprungbrett
In Landschaften von der Farbe gereiften Goldes gehen,
Verklärt vom magischen Stillstand der Sonne.
Diese Brücke führt zum Ufer der Abkehr,
Wo schon alles verkehrt ist und der Satz »es gibt ihn«
Einen kaum geahnten Sinn enthüllt.
Bemerke doch, ich sage »wir«. Jeder für sich
Spürt darin das Mitleid mit anderen, im Körper Verstrickten,
Und er weiß: Selbst wenn es kein anderes Ufer gibt,
Werden sie die Brücke über der Erde genauso betreten.

PAULUS

Im Brief an die Römer

Desgleichen hilft auch der Geist unserer Schwachheit auf.

Denn wir wissen nicht,

was wir beten sollen,

wie sich's gebührt,

sondern der Geist selbst tritt für uns ein

mit unaussprechlichem Seufzen.

HESIOD

Vom unwürdigen Gebet

Niemals spende am Morgen mit ungewaschenen Händen
feurigen Wein dem Zeus und nicht den anderen Göttern.
Denn dann hören sie nicht, dann verschmähen sie deine Gebete.
Auch nicht gegen die Sonne gewendet im Stehen zu pissen
falle dir ein, auch nach ihrem Untergang, bis sie heraufkommt,
nicht auf dem Weg, nicht abseits vom Weg im Gehen zu harnen,
und nicht zur Nacktheit entblößt. Den Göttern gehören die
                                        Nächte.
Nie durchquere der ewigen Ströme schönfließendes Wasser
mit deinen Füßen, bevor du im Anblick der Strömung gebetet
und dir die Hände gewaschen im lieblichen, hellen Gewässer.
Wer einen Fluß durchschreitet mit schmutziger Seele und
                                        Händen,
dem schicken hinterher Schmerzen im Zorn die Götter.

IM ANFANG

Wessobrunner Schöpfungsgebet

Das erfuhr ich bei den Menschen   als das größte aller Wunder,
Daß die Erde nicht war   und nicht der Himmel,
kein einziger Baum   und auch kein Berg,
nicht irgendein Stern   noch die Sonne schien,
nicht leuchtete der Mond   noch glänzte die See.
Als da nichts war   kein Anfang, kein Ende,
war doch der eine   allmächtige Gott,
der Freundlichste   und bei ihm waren auch viele
gütige Geister   und der heilige Gott ...

Gott Allmächtiger   du hast Himmel und Erde erschaffen
und den Menschen   so viel Gut gegeben,
gib mir in deiner Gnade   rechten Glauben
und guten Willen   Weisheit Klugheit und Kraft,
den Teufeln zu widerstehen   und Böses zu meiden
und deinen Willen   zu tun.

Durchwirkte Schönheit

Ehre sei Gott für Beidgestalt der Dinge –
  Für Zwiefarbhimmel, wie Kuhvlies, gescheckt;
    Für Rosenmale-Tüpfel der Bachforelle;
Glutkohlig Kastanienfall; Finkenschwinge;
  Das Land – Brache, Acker und Senke – parzellnüberfleckt;
    Von Handel-Wandel Gerät, Zeug und Gestelle.

Der Dinge Gegensatz – eigen, karg, kurios;
  Was immer unstet, sprenklig (wer entdeckt
    Wie?): schnell, schwer; süß, sauer; blind, blitzhelle;
Bringt er hervor, des Schönheit wandellos:
              Preis ihm quelle.

FRANZISKUS VON ASSISI
Der Sonnengesang

Höchster, allvermögender, guter Herr,
dein sind der Lobpreis, die Herrlichkeit und Ehre und aller Segen.
Dir allein, Höchster, stehen sie zu,
und kein Mensch ist würdig, dich zu benennen.

Gepriesen seist du, mein Herr, mit allen deinen Geschöpfen,
besonders mit der edlen Frau, Schwester Sonne,
die den Tag bringt, und durch sie leuchtest du uns.
Schön ist sie und blendend in großem Glanz,
von dir, Höchster, ein Gleichnis.

Gepriesen seist du, mein Herr, durch Bruder Mond und die Sterne.
Du hast sie am Himmel geformt, klar und kostbar und schön.

Gepriesen seist du, mein Herr, durch Bruder Wind,
durch Luft und Nebel und heitre und alle Wetter,
durch die du deine Geschöpfe beständig erhältst.

Gepriesen seist du, mein Herr, durch Schwester Wasser,
das so sehr nützlich ist und mild und kostbar und keusch.

Gepriesen seist du, mein Herr, durch Bruder Feuer,
durch den du erleuchtest die Nacht,
und schön ist er und fröhlich und kraftvoll und stark.

Gepriesen seist du, mein Herr,
durch unsere Schwester, Mutter Erde,
die uns ernährt und führt
und allerlei Früchte hervorbringt und bunte Blumen und Gras.

Gepriesen seist du, mein Herr, durch jene, die vergeben
durch deine Liebe
und Krankheit ertragen und Bedrängnis.
Selig, die in Frieden dulden,
denn von dir, Höchster, werden sie die Krone empfangen.

Gepriesen seist du, mein Herr,
durch unseren Bruder, den leiblichen Tod,
dem kein Lebender entfliehen kann.
Wehe denen, die in Todsünden sterben.
Selig, die er findet in deinem heiligsten Willen,
denn der zweite Tod kann ihnen nichts Böses tun.

Lobt und preist meinen Herrn
und sagt ihm Dank und dient ihm mit großer Demut.

Schön erscheinst du im Lichtland des Himmels,
du lebende Sonne, Ursprung des Lebens.
Wenn du aufgehst im östlichen Lichtland,
erleuchtest du alle Länder mit deiner Schönheit.
Wenn du herrlich und groß, glänzend
und hoch über jeder Gegend stehst,
umfassen deine Strahlen die Länder bis zum Ende
deiner ganzen Schöpfung.

Gehst du unter im westlichen Lichtland,
so ist die Welt in Finsternis wie im Tod.
Man schläft in den Kammern mit verhülltem Kopf,
kein Auge sieht das andere.
Ihre Habe wird ihnen unter den Köpfen weggestohlen,
und sie merken es nicht.
Jedes Raubtier kommt aus der Höhle, alles Gewürm sticht.
Die Finsternis ist ein Grab.
Die Erde liegt in Schweigen,
denn ihr Schöpfer ist untergegangen in seinem Lichtland.

Gehst du am Morgen auf am Horizont
und erstrahlst als Sonne des Tages,
so vertreibst du die Finsternis, du sendest deine Strahlen.
Die beiden Reiche feiern ein tägliches Fest.
Die erwachen und auf ihren Füße stehen – du hast sie
                                    aufgerichtet!
Sie waschen ihre Körper und ziehen ihre Gewänder an.
Sie erheben die Arme, dich anzubeten in deinem Erscheinen.
Das ganze Land geht an seine Arbeit.

Das Vieh freut sich an seinem Gras,
Bäume und Kräuter grünen.
Die Vögel fliegen auf aus ihren Nestern,
auch ihre Flügel beten dich an.

Die Schiffe fahren stromab-
und wieder stromaufwärts.
Jeder Weg liegt offen durch dein Erscheinen.
Die Fische im Fluß springen vor dir,
deine Strahlen reichen bis ins Innere des Ozeans.

Du läßt Samen reifen in den Frauen,
und Wasser machst du zu Menschen.
Du erhältst den Sohn am Leben im Mutterleib,
beruhigst ihn und stillst seine Tränen,
du Amme im Mutterleib, die Luft gibt, um alles zu beleben,
was sie geschaffen hat.

Wenn das Küken im Ei
redet in der Schale,
dann gibst du ihm Luft darin, um es zu beleben.
Du hast ihm seine Frist gesetzt,
um die Schale zu zerbrechen.

Wie zahlreich sind deine Werke,
die dem Angesicht verborgen sind.
Du alleiniger Gott, dem nichts gleich ist!
Du hast die Erde erschaffen in deinem Herzen, als du allein warst.

Du schaffst Millionen Gestalten aus dir, dem Einen,
Städte und Dörfer,
Äcker, Weg und Fluß.
Aller Augen sehen auf dich –
vor ihnen, da du die Sonne des Tages über der Erde bist.

Die Erde entsteht auf deinen Wink, wie du sie geschaffen hast:
Du gehst auf – und sie leben.
Du gehst unter – sie sterben.
Du bist die Lebenszeit selbst, alles lebt in dir.

LAUDSE
Das Dau

sagbar das Dau
doch nicht das ewige Dau
nennbar der name
doch nicht der ewige name
namenlos
des himmels der erde beginn
namhaft erst der zahllosen dinge urmutter
darum:
immer begehrlos
und schaubar wird der dinge geheimnis
immer begehrlich
und schaubar wird der dinge umrandung
beide gemeinsam entsprungen dem einen
sind sie nur anders im namen
gemeinsam gehören sie dem tiefen
dort wo am tiefsten das tiefe
liegt aller geheimnisse pforte

Mein Gott, die Seele, die du mir gegeben hast, rein ist sie.
Du hast sie geschaffen,
du hast sie gebildet,
hast sie mir eingehaucht,
du bewahrst sie in mir,
und wirst sie von mir nehmen
und mir in der Zukunft wiedergeben.
Solange die Seele in mir ist, danke ich dir, Ewiger,
mein Gott und Gott meiner Väter,
Gebieter über alle Werke und alle Seelen.
Gelobt seist du, Ewiger,
der den Toten die Seelen wiedergibt.

Iam lucis orto sidere
Ambrosianischer Lobgesang
(nachgedichtet von Jochen Klepper)

Schon bricht des Tages Glanz hervor.
Voll Demut fleht zu Gott empor,
daß, was auch diesen Tag geschieht,
vor allem Unheil er behüt'.

Er halte uns die Lippen rein,
kein Hader darf uns heut entzwein.
Er mache unser Auge frei
und zeige, was da eitel sei.

Ringt um des Herzens Lauterkeit!
Legt ab des Herzens Härtigkeit!
Des Fleisches Hoffart beugt und brecht!
Und Trank und Speise brauchet recht.

Auf daß, wenn dann die Sonne sinkt
und Dunkel wieder uns umringt,
wir ledig aller Last der Welt
lobsingen dem im Sternenzelt.

Lob dem, der unser Vater ist,
und seinem Sohne Jesu Christ,
dem Geist auch, der uns Trost verleiht,
vordem, jetzt und in Ewigkeit.

ICH SEHE DICH ÜBERALL:
UNENDLICHE GESTALT

DSCHELAL-EDDIN RUMI / FRIEDRICH RÜCKERT
Anbetung

Ich sah empor, und sah in allen Räumen Eines,
  Hinab ins Meer, und sah in allen Wellenschäumen Eines.
Ich sah ins Herz, es war ein Meer, ein Raum der Welten,
  Voll Tausend Träum'; ich sah in allen Träumen Eines.
Du bist das Erste, Letzte, Äußre, Innre, Ganze;
  Es strahlt Dein Licht in allen Farbensäumen Eines.
Du schaust von Ostens Grenze bis zur Grenz' im Westen,
  Dir blüht das Laub an allen grünen Bäumen Eines.
Vier widerspenst'ge Tiere ziehn den Weltenwagen;
  Du zügelst sie, sie sind an deinen Zäumen Eines.
Luft, Feuer, Erd' und Wasser sind in Eins geschmolzen
  In deiner Furcht, daß Dir nicht wagt zu bäumen Eines.
Der Herzen alles Lebens zwischen Erd' und Himmel
  Anbetung Dir zu schlagen soll nicht säumen Eines!

Eine Gebetsstrophe
aus der täglichen Andacht der Sikhs

Preise ich Dich, so lebe ich,
vergesse ich Dich, so sterbe ich.
Beschwerlich ist der Weg der Preisung des Wahren Namens.
Der Hunger nach dem Wahren Namen wächst und wächst –
und dieser Hunger frißt alles Leiden auf.

Wie kann man Ihn also vergessen, meine Mutter,
den Wahren Herrn, den Wahren Namen?

Schon bei einem winzigen Körnchen Lobpreis des Wahren
Namens
ermattet man, ohne Seinen Wert zu begreifen.
Selbst wenn sich alle versammelten und Ihn priesen,
würden sie Seiner Größe weder etwas hinzufügen noch
etwas abziehen.

Er stirbt nicht, Er trauert nicht.
Er schenkt unaufhörlich, ohne daß Sein Vorrat ausgeht.
Das ist Sein Zeichen, einen anderen als Ihn gibt es nicht,
weder gab es einen, noch wird es einen geben.

So groß wie Du bist, sind Deine Gaben,
Du hast den Tag und dann die Nacht gemacht.
Niederträchtig sind, die den Herrn vergessen.
Nānak sagt, namenlos sind sie, niedrig geboren.

Ich sehe alle Götter in deinem Leib, o Gott,
und alle Arten von Wesen zusammen –
Brahmā, den Herrn, auf dem Lotosthron sitzend,
und all die Seher und Götterschlangen.

Ich sehe dich überall: unendliche Gestalt
mit zahllosen Armen, Bäuchen, Mündern, Augen;
kein Ende, keine Mitte und auch keinen Anfang
von dir erblicke ich, o All-Herr, All-Gestalt.

Ich schaue dich mit Krone, Keule, Diskus –
ein Meer von Glanz, nach allen Seiten strahlend.
Kaum anzuschauen, allseits blendet unermeßlich
ein Gleißen von leuchtendem Sonnenfeuer.

Du bist das Unzerstörbare, das Höchste, das jemand wissen kann.
Du bist der sicherste Ruheplatz des Alls.
Du bist der unveränderliche Wächter der ewigen Weltordnung,
du bist der ewige Höchste Geist, so denke ich.

Ohne Anfang, Mitte, ohne Ende, von unbegrenzter Kraft,
mit endlos vielen Armen, Augen sind dir Mond und Sonne,
so sehe ich dich, deinen Mund wie ein verzehrendes Opferfeuer,
wie du das All mit deinem eigenen Glanz verbrennst.

Was zwischen Himmel und Erde ist,
wird von dir allein und überall erfüllt.
Die drei Welten zittern, Großes Selbst,
da sie deine wunderbar-schreckliche Gestalt gesehen haben.

Wie du den Himmel berührst, flammend in vielen Farben,
mit aufgerissenem Rachen, lodernd weiten Augen –
bei deinem Anblick erzittert mein innerstes Wesen!
Ich finde keinen Halt und keine Ruhe, Vishnu!

Beim Anblick deiner Mäuler mit den schrecklichen Zähnen,
wie Feuer der Endzeit-Vernichtung,
weiß ich keinen Weg mehr, finde nirgends Schutz –
sei gnädig, Herr der Götter, Zufluchtsort der Welt!

Wie die vielen Ströme und die Flüsse
in den Ozean münden,
geraten die Helden der Menschenwelt
in deine flammenden Rachen hinein.

Wie die Insekten immer schneller
in die offene Flamme ihrem Untergang entgegenfliegen,
so rasen alle Welten immer schneller
zur Vernichtung in deine Rachen.

Du leckst, verschlingst von allen Seiten
alle Welten mit flammenden Mäulern.
Du durchdringst das ganze Universum mit deiner Hitze,
deine gewaltigen Strahlungen verglühen es, o Vishnu.

Sag mir, wer bist du, schreckliche Gestalt?
Verehrung sei dir! Bester Gott, sei gnädig!
Ich möchte dich erkennen, der du vom Ursprung her bist,
denn ich kann deine Erscheinung nicht fassen!

HILDEGARD VON BINGEN
Sequenz an den Geist

O Feuer, Tröster Geist, Leben des Lebens aller Kreatur,
heilig bist du, belebst alle Formen.
Heilig bist du, salbst gebrochene Glieder.
Heilig bist du, reinigst faulende Wunden.

O heiligster Hauch! Feuer aus Liebe!
Süße im Innern, strömst du
in die Herzen, Wohlgeruch heilender Kräfte.

O reinste Quelle, in der man sehen kann,
wie Gott das Fremde sammelt und das Verlorene sucht.

O starker Lauf, der du alles durchdringst,
die Höhen, die Tiefen
und jeglichen Abgrund. Du baust und bindest alles.

Von dir her treiben die Wolken, weht die Luft,
dringt Feuchtigkeit aus dem Gestein,
rinnen die Bäche und quillt aus der Erde das frische Grün.

Immer auch führst du den gelehrigen Geist,
Weisheit wehst du in ihn
und machst ihn fruchtbar.

Gebet eines Pawnee-Indianers

Ich betrachte, ich betrachte,
die Wolken sprechen zu mir.
Ich sage: »Du bist die Macht der Welt,
ich verstehe dies nicht, ich weiß nur, was man mir sagte,
du bist die Macht der Welt und sprichst jetzt zu mir,
dies ist deine Macht, Himmel.«

ORIGINES

Gebetsschluß einer Predigt über eine Wunderheilung

Möchte auch uns der Herr Jesus die Hände auf die Augen legen,

daß wir anfangen, hinaufzuschauen

nicht auf das Sichtbare, sondern auf das Unsichtbare,

und uns die Augen öffnen,

daß sie nicht blicken auf das Gegenwärtige,

sondern auf das Zukünftige,

und uns das Sehen im Herzen offenbaren,

mit dem Gott geschaut wird im Geiste

durch ebendiesen unsern Herrn Jesus Christus,

dem die Herrlichkeit ist und die Macht,

von Ewigkeit zu Ewigkeit.

Amen.

AN DEN GRENZEN DER SPRACHE

Anrufung aus der Mithras-Liturgie
(Großer Pariser Zauberpapyrus)

Du aber schließt die Augen und sagst sogleich das folgende Gebet:

Erhöre mich, Herr, der du verschlossen hast mit dem Geisthauch die Feuerschlösser des Himmels,

  Zweileibiger, Feuerwaltender, Schöpfer des Lichtes,
  Feuerhauchender, Feuermutiger, Geistleuchtender,
  Feuerfreudiger, Schönleuchtender, Lichtherrscher,
  Feuerleibiger, Lichtspender, Feuersäender, Feuertosender,
  Lichtlebendiger, Feuerwirbelnder, Lichterreger,
  Blitztosender, Ruhm des Lichtes, Lichtmehrer,
  Feuerlichthalter, Gestirnbezwinger,

öffne mir, denn ich rufe um der niederdrückenden und bittern und unerbittlichen Not willen die Namen an, die noch nie eingingen in sterbliche Natur, die noch nie in deutlicher Sprache ausgesprochen wurden von menschlicher Zunge oder menschlichem Laut oder von sterblicher Stimme, die ewig lebendigen, hochgeehrten Namen!

*Gebet Jesu aus dem vierten Buch
der gnostischen Pistis Sophia*

Erhöre mich

mein Vater

Du Vater aller Vaterschaft

Du unendliches Licht

aeēiouō

iaō

aōi

ōia

psinōther

thernōps

nōpsiter

zagourē

pagourē

nethmomaōth

vepsiōmaōth

marachachtha

tōbarrabau

tharnachachan

zorokothora

ieou

sabaōth

Es ist aber gut, wie es uns scheint, und ungemein nützlich, von einer ganz natürlichen Methode des Nikephoros zu handeln, nach welcher der Zugang zum Innersten des Herzens mittels des Einatmens durch die Nase erlangt werden kann –:

»Du aber, wenn du in deiner stillen Zelle sitzt und deinen Geist sammeln willst – ziehe diesen durch die Nase ein, durch die der Atem zum Herzen kommt, treibe ihn an und dränge ihn ins Herz hinunter, zusammen mit der eingeatmeten Luft. Wenn er da eintritt, wird alles, was nachher kommt, voll Freude und Jubel sein, so wie ein Mann, der lange von zu Hause fort war, nach seiner Rückkehr nicht weiß, was er vor Freude anfangen soll, da es ihm nun wieder geschenkt ist, mit Frau und Kindern zusammen zu sein ...«

Denn das Himmelreich ist in unserm Innern; wer es einmal geschaut hat und es in reinem Gebete sucht, wird alles Äußere verachten und hassen. Und weiter: »Aber dieses mußt du freilich lernen, daß du deinen Geist, wenn er sich in diesem Zustand befindet, nicht stumm und müßig lassen darfst, sondern dafür sorgen mußt, daß er diese Worte einübe: ›Herr Jesus Christus, Sohn Gottes, erbarme dich meiner‹, daß er sie unterbrochen überdenke und nie von dieser Meditation abgehe.«

Auch Klimakus schreibt: »Der Gedanke an Jesus hafte an deinem Atem, und dann wirst du die Nützlichkeit der ›Ruhe‹ erkennen.«

Die Ausübung der Wachsamkeit über
das Einatmen und Ausatmen
(Ānāpāna-sati)

Da begibt sich, ihr Mönche, ein Mönch in den Wald oder unter einen Baum oder zu einer verlassenen Hütte. Er setzt sich mit verschränkten Beinen nieder, hat den Oberkörper gerade aufgerichtet und konzentriert sich vor sich auf einen Punkt. Wachsam atmet er ein, wachsam atmet er aus:

Indem er tief einatmet, weiß er, daß er tief einatmet.
Indem er tief ausatmet, weiß er, daß er tief ausatmet.
Indem er kurz einatmet, weiß er, daß er kurz einatmet.
Indem er kurz ausatmet, weiß er, daß er kurz ausatmet.
Und er übt sich:
»Mit meinem ganzen Körper spüre ich den Atem, wenn ich einatme.«
Und er übt sich:
»Mit meinem ganzen Körper spüre ich den Atem, wenn ich ausatme.«
Und er übt sich:
»Meinen Körper bringe ich zur Ruhe, wenn ich einatme.«
Und er übt sich:
»Meinen Körper bringe ich zur Ruhe, wenn ich ausatme.«
Und er übt sich: »Freude empfindend, will ich einatmen.«
Und er übt sich: »Freude empfindend, will ich ausatmen.«
Und er übt sich: »Glück erfahrend, will ich einatmen.«

Und er übt sich: »Glück erfahrend, will ich ausatmen.«

Und er übt sich: »Die Willensregungen des Denkens wahrnehmend, will ich einatmen.«

Und er übt sich: »Die Willensregungen des Denkens wahrnehmend, will ich ausatmen.«

Und er übt sich: »Die Willensregungen des Denkens beruhigend, will ich einatmen.«

Und er übt sich: »Die Willensregungen des Denkens beruhigend, will ich ausatmen.«

Und er übt sich: »Das Denken wahrnehmend, will ich einatmen.«

Und er übt sich: »Das Denken wahrnehmend, will ich ausatmen.«

Und er übt sich: »Das Denken ermunternd, will ich einatmen.«

Und er übt sich: »Das Denken ermunternd, will ich ausatmen.«

Und er übt sich: »Das Denken auf einen Punkt richtend, will ich einatmen.«

Und er übt sich: »Das Denken auf einen Punkt richtend, will ich ausatmen.«

Und er übt sich: »Das Denken lösend, will ich einatmen.«

Und er übt sich: »Das Denken lösend, will ich ausatmen.«

Und er übt sich: »Die Vergänglichkeit wahrnehmend, will ich einatmen.«

Und er übt sich: »Die Vergänglichkeit wahrnehmend, will ich ausatmen.«

Und er übt sich: »Die Leidenschaftslosigkeit wahrnehmend, will ich einatmen.«

Und er übt sich: »Die Leidenschaftslosigkeit wahrnehmend, will ich ausatmen.«

Und er übt sich: »Die Aufhebung wahrnehmend, will ich einatmen.«

Und er übt sich: »Die Aufhebung wahrnehmend, will ich ausatmen.«

Kena-Upanisad
Gesang vom Urgrund

Was Sprache nicht benennen kann,
Doch was das Sprechen sprechen läßt,
Nur das, so wisse, ist der Urgrund,
Nicht das, dem man hier huldigt.

Was Denken nicht erdenken kann,
Wodurch das Denken, wie es heißt, gedacht wird,
Nur das, so wisse, ist der Urgrund,
Nicht das, dem man hier huldigt.

Was Sehkraft nicht erschauen kann,
Wodurch das Augenlicht gesehen wird,
Nur das, so wisse, ist der Urgrund,
Nicht das, dem man hier huldigt.

Was das Gehör nicht hören kann,
Wodurch das Hören gehört wird,
Nur das, so wisse, ist der Urgrund,
Nicht das, dem man hier huldigt.

Was der Atem nicht atmen kann,
Wovon der Atem geatmet wird,
Nur das, so wisse, ist der Urgrund,
Nicht das, dem man hier huldigt.

DU!

Das Lied »Du«

Der Berditschewer pflegte ein Lied zu singen, in dem es heißt:

> Wo ich gehe – du!
> Wo ich stehe – du!
> Nur du, wieder du, immer du!
> Du, du, du!
> Ergeht's mir gut – du!
> Wenn's weh mir tut – du!
> Nur du, wieder du, immer du!
> Du, du, du!
> Himmel – du, Erde – du,
> Oben – du, unten – du,
> Wohin ich mich wende, an jedem Ende
> Nur du, wieder du, immer du!
> Du, du, du!

EMILY DICKINSON
Ich bin Niemand!

Ich bin Niemand! Und du?
Noch ein – Niemand – dazu?
Dann sind wir ein Paar?
Pst! Sonst ruft man uns – öffentlich aus!

Wie abgeschmackt – Jemand – zu sein!
Wie indiskret – seinen Namen zu spein
Wie ein Frosch – den lieben Juni lang –
In den bewundernden Schlamm!

'ABDUR RAHMĀN DSCHAMI

Wenn Seele sich und Leib gemischt –
   mein Ziel bist Du.
Im Leben und im Sterben auch
   mein Ziel bist Du.
Wenn ich vergeh, Du bist es ja,
   der ewig lebt,
Und sage ich auch »Ich« von mir –
   der Sinn bist »Du«.

MECHTHILD VON MAGDEBURG

Ein fünffacher Gesang der Seele zu Gott,
wie Gott ein Kleid der Seele ist und die Seele zu Gott gehört

»Du leuchtest in die Seele mein
als die Sonne auf das Gold.
Wenn ich ruhen darf in dir,
ist mein Glück vollkommen.
Herr, du kleidest dich in meine Seele,
bist auch ihr innerstes Kleid.
Das Scheiden muß geschehen –
ich weiß kein größeres Leid!
Willst du mich noch stärker lieben,
so käme ich gewiß dahin,
dich zu lieben, wie ich es ersehne: ohne Unterlaß.
Nun hab ich dir gesungen,
noch ist es nicht gelungen;
würdest du mir singen,
so müßte es gelingen.«

Ein fünffacher Antwortgesang Gottes in der Seele

»Wenn ich scheine, mußt du leuchten.
Wenn ich fließe, wirst du feucht.
Wenn du seufzt, so nimmst du
mein göttliches Herz in dich auf.
Wenn du weinst nach mir,

so nehme ich dich in den Arm.
Doch wenn du liebst, so werden eins wir zwei,
und wenn wir eins sind, mag uns nichts mehr scheiden,
ein schönes Erwarten
wohnt zwischen uns beiden.«
»So warte ich denn mit Hunger und Durst,
Herr, mit jagender Lust
auf die selige Stunde,
da aus deinem göttlichen Munde
fließen die erwählten Worte,
die niemand hört
als die Seele allein,
die sich entkleidet von der Erde,
hebt ihr Ohr vor deinen Mund.
Ja, sie faßt der Liebe Fund.«

VOM HIMMEL STEIGE HERAB

SAPPHO

Bitte an Aphrodite

... Vom Himmel
Steige herab

Hierher mir, wo einst Kreter den Tempel bauten,
Den heiligen, da lieblich dir ein Hain ist
Von Apfelbäumen, und Altäre sind drin, die
Dampfen von Weihrauch.

Und drin rauscht kühles Wasser durch Apfelzweige,
Von Rosen ist der ganze Platz
Beschattet, und von den bebenden Blättern
Fließt Schlummer nieder.

Drin steht die roßnährende Wiese
In Blüte mit Flammenkraut, und die Anise atmen
Honiglich, und ...
Und Honiglotos.

Dort nimm nun du die Kanne, Kypris,
Und in die goldenen Becher wonnig
In Frohsinn hineingemischten Nektar spendend
Schenke den Wein aus!

PAUL GERHARDT
Weihnachtslied

Ich steh an deiner Krippen hier,
O Jesulein, mein Leben;
Ich stehe, bring und schenke dir,
Was du mir hast gegeben.
   Nimm hin, es ist mein Geist und Sinn,
Herz, Seel und Mut, nimm alles hin
Und laß dir's wohlgefallen.

Du hast mit deiner Lieb erfüllt
Mein Adern und Geblüte,
Dein schöner Glanz, dein süßes Bild
Liegt mir ganz im Gemüte.
   Und wie mag es auch anders sein:
Wie könnt ich dich, mein Herzelein,
Aus meinem Herzen lassen!

Da ich noch nicht geboren war,
Da bist du mir geboren
Und hast mich dir zu eigen gar,
Eh ich dich kannt, erkoren.
   Eh ich durch deine Hand gemacht,
Da hast du schon bei dir bedacht,
Wie du mein wolltest werden.

Ich lag in tiefer Todesnacht,
Du warest meine Sonne,
Die Sonne, die mir zugebracht
Licht, Leben, Freud und Wonne.
  O Sonne, die das werte Licht
Des Glaubens in mir zugericht't,
Wie schön sind deine Strahlen!

Ich sehe dich mit Freuden an
Und kann mich nicht satt sehen,
Und weil ich nun nicht weiter kann,
So tu ich, was geschehen.
  O daß mein Sinn ein Abgrund wär
Und meine Seel ein weites Meer,
Daß ich dich möchte fassen!

Wer ist der Meister, der allhier
Nach Würdigkeit ausstreichet
Die Händlein, so dies Kindlein mir
Anlachende zureichet?
  Der Schnee ist hell, die Milch ist weiß,
Verlieren doch beid ihren Preis,
Wann diese Händlein blicken.

Wo nehm ich Weisheit und Verstand,
Mit Lobe zu erhöhen
Die Äuglein, die so unverwandt
Nach mir gerichtet stehen?
   Der volle Mond ist schön und klar,
Schön ist der güldnen Sterne Schar,
Dies' Äuglein sind viel schöner.

Eins aber, hoff ich, wirst du mir,
Mein Heiland, nicht versagen:
Daß ich dich möge für und für
In, bei und an mir tragen.
   So laß mich doch dein Kripplein sein;
Komm, komm und lege bei mir ein
Dich und all deine Freuden.

JOHANNES TAULER
Wie du willt, Maria

Ich muß springen,
hör ich klingen,
dinen Nam, Maria;
allen Dingen
muß gelingen,
wie du willt, Maria,
du Wunschelstab, Maria.

Von dir singen,
nach dir ringen
soll diu Welt, Maria.
Wen hie twinget,
wen hie dringet
Herzeleid, der schrie:
»Hilf, milte Maget, Maria!«

Laß uns Armen
dir erbarmen
durch dines lieben Kindes Blut;
Joch bist du gut.
Was jemand tut,
davon so wöllen wir nit büßen
denn vor dinen Füßen.

Neige taugen
milte Augen
in dies bitter Jammerland,
brich Sünden Brand
mit diner Hand.
Hilf, daß wir dich müssen
mit reinem Herzen grüßen.

Begrüßung der Ikonen

Der Priester und der Diakon treten vor die Ikone Christi, verbeugen sich, küssen sie und beten:

Vor deinem makellosen Bild verneigen wir uns,
Gütiger, um Vergebung unserer Sünden bittend,
Christus Gott;
denn freiwillig wolltest du im Fleisch
ans Kreuz hinaufsteigen,
um dein Geschöpf aus der Knechtschaft des Feindes zu befreien.

Daher rufen wir dankbar zu dir:
Mit Freude hast du alles erfüllt, unser Heiland,
der du gekommen bist, die Welt zu erlösen.

In ähnlicher Weise beten sie vor dem Bild der Gottesmutter:

Quelle der Barmherzigkeit, würdige uns deines Mitleids,
Gottesgebärerin,
sieh auf das sündige Volk,
zeige wie immer deine Macht;
da wir auf dich hoffen, rufen wir zu dir:
»Sei gegrüßt«,
wie einst Gabriel, der Heerführer der körperlosen Wesen.

Ave, verum corpus

Sei gegrüßt, du wahrer Körper,
den Maria uns geboren,
wahr gelitten, als ein Opfer
hoch am Kreuz für uns gestorben.
Aufgestochen, aus der Seite
rann für uns das wahre Blut,
uns im Sterben zu eröffnen,
in Gefahr, ein Vorgefühl:
Erbarmen, mild gesinnt,
o Marias Kind.

Zwölfapostellehre
Segensgebet zum Abendmahl

Bei der Eucharistie sagt folgendermaßen Dank:

Zuerst beim Kelch:
Wir sagen dir Dank, unser Vater,
für den heiligen Weinstock Davids, deines Knechts,
den du uns kundgetan hast durch Jesus, deinen Knecht.
Dir sei Ehre in Ewigkeit!

Beim gebrochen Brot:
Wir sagen dir Dank, unser Vater,
für das Leben und die Erkenntnis,
die du uns kundgetan hast durch Jesus, deinen Knecht.
Dir sei Ehre in Ewigkeit!

Wie dieses gebrochene Brot
zerstreut war auf den Hügeln hin
und nun, zusammengebracht, eines geworden ist,
so werde zusammengebracht deine Kirche
von den Enden der Erde in dein Reich.
Denn dein sind die Macht und die Herrlichkeit
durch Jesus Christus in Ewigkeit.

Brhadāranyaka-Upanisad
Butteropfer

Begehrt jemand Großartiges zu erreichen, soll er seine Vorbe-
reitungsregel an einem glückverheißenden Tag in der zuneh-
menden Monatshälfte während des nördlichen Sonnenlaufs
für zwölf Tage aufnehmen. Dann soll er Früchte aller Pflanzen
in einem Becher aus dem Holz des Feigenbaums oder in einem
aus Messing zusammentragen. Er fegt [den Platz] um das Feuer,
bestreicht ihn ringsum [mit Kuhdung], legt das Feuer an, berei-
tet geklärte Butter nach hergebrachter Weise zu, mischt unter
einem als männlich [angesehenen] Sternbild einen Rührtrank
an [und] gießt [sodann die zerlassene Butter ins Feuer] mit den
Worten:

So viele der Götter in Dir, o Feuer,
Des Menschen Begehren durchkreuzend vereiteln,
[So vielen] bringe ich den Anteil dar,
So daß sie mir gesättigt die Verlangen stillen: *svāhā!*

Und Dir, die Du da quer dich legst
[Und denkst:] ›Ich bin es, die vereitelt‹,
Dir als ›Versöhnung‹ bringe ich
[Nun] diesen Strom zerlass'ner Butter dar: *svāhā!*

Den dritten Butterguß tut er mit den Worten:
»Prajāpati, kein anderer als Du ...«

Mit den Worten: »Dem Ersten, *svāhā!* Dem Größten, *svāhā!*« gießt er [zerlassene Butter] ins Feuer und die Restflüssigkeit danach in den Rührtrank. –

»Ein *svāhā* der Atemkraft!« Mit den Worten: »Dem Besten, *svāhā!*« gießt er [zerlassene Butter] ins Feuer und die Restflüssigkeit danach in den Rührtrank. –

»Ein *svāhā* der Sprechfähigkeit!« Mit den Worten: »Dem Fundament, *svāhā!*« gießt er [zerlassene Butter] ins Feuer und die Restflüssigkeit danach in den Rührtrank. –

»Ein *svāhā* der Sehkraft!« Mit den Worten: »Dem Erfolg, *svāhā!*« gießt er [zerlassene Butter] ins Feuer und die Restflüssigkeit danach in den Rührtrank. –

»Ein *svāhā* der Hörkraft!« Mit den Worten: »Dem Ruhepol, *svāhā!*« gießt er [zerlassene Butter] ins Feuer und die Restflüssigkeit danach in den Rührtrank. –

»Ein *svāhā* dem Denkvermögen!« Mit den Worten: »Der Fortpflanzung, *svāhā!*« gießt er [zerlassene Butter] ins Feuer und die Restflüssigkeit danach in den Rührtrank. –

»Ein *svāhā* dem Sperma!« [In dieser Weise] gießt er [zerlassene Butter] ins Feuer und die Restflüssigkeit danach in den Rührtrank. –

Daraufhin berührt er den Rührtrank mit den Worten: »Du bist *bhram*, Du bist flammend, Du bist vollkommen, Du bist festgefügt, Du bist der Sammelpunkt, Du bist der Laut *him,* Du wirst *him* ausgesprochen, Du bist die Anstimmlitanei, Du wirst angestimmt, Du bist der Zuruf, Du die Beistimmung, Du das im

Feuchten Entflammte, Du bist allgegenwärtig, Du bist übermächtig, Du bist die Lichtquelle, Du bist Nahrung, Du bist das Ende, Du, der Allesverzehrer.«

Orphischer Hymnus

Komm, seliger Dionysos, feuersprühender, stierstirniger,
Bassareus und Bakchos, vielnamiger, Allbeherrscher,
der du dich freust an Schwertern und Blut und heiligen Mänaden,
jubelnd auf dem Olymp, laut lärmender, verzückter Bakchos,
Thyrosstabträger, schwer Zürnender, geehrt von allen Göttern
und von sterblichen Menschen, so viele die Erde bewohnen,
komm, Seliger, Tänzer, und bring allen viel Freude.

Die Eröffnende, die erste Sure des Korans

Im Namen Gottes, des Barmherzigen, des Erbarmers.

Lob sei Gott,

dem Herrn der Welten,

dem Barmherzigen, dem Erbarmer,

dem König am Tag des Gerichts.

Dir dienen wir

und dich bitten wir um Hilfe.

Führe uns den richtigen Weg,

den Weg derer, die du begnadet hast,

die dein Zorn verschont

und die nicht irregehen.

MARTIN LUTHER
Sintflutgebet zur Taufe

Allmächtiger ewiger Gott,

der du hast durch die Sintflut nach deinem gestrengen Gericht

die ungläubige Welt verdammt und den gläubigen Noah selb acht

nach deiner großen Barmherzigkeit erhalten,

Und den verstockten Pharao mit allen Seinen

im roten Meer ersäuft,

und dein Volk Israel trocken durch hin geführt,

damit dies Bad deiner heiligen Taufe zukünftig bezeichnet,

und durch die Taufe deines lieben Kindes,

unsers Herren Jesu Christi

den Jordan und alle Wasser zur seligen Sintflut

und reichlicher Abwaschung der Sünden geheiliget und

                                           eingesetzt:

Wir bitten durch dieselbe deine grundlose Barmherzigkeit,

du wolltest diesen [Täufling] gnädiglich ansehen

und mit rechtem Glauben im Geist beseligen,

daß durch diese heilsame Sintflut

an ihm ersaufe und untergehe alles,

was ihm von Adam angeborn ist, und er selb dazu getan hat;

Und er aus der ungläubigen Zahl gesondert,

in der heiligen Arca der Christenheit trocken und sicher

                                         behalten,

allzeit brünstig im Geist, fröhlich in Hoffnung,

deinem Namen diene,

auf daß er mit allen Gläubigen deiner Verheißung
ewigs Lebens zu erlangen würdig werde,
durch Jesum Christum unsern Herrn. Amen.

NUR DU WEISST, WAS ICH BRAUCHE

MARTIN LUTHER
Ein Psalm Davids

DER HERR ist mein Hirte / mir wird nichts mangeln.
Er weidet mich auf einer grünen Auen / Und führet mich zum frischen Wasser.
Er erquicket meine Seele / er führet mich auf rechter Straße / um seines Namens willen.
Und ob ich schon wandert im finstern Tal / fürchte ich kein Unglück / Denn du bist bei mir / Dein Stecken und Stab trösten mich.
Du bereitest vor mir einen Tisch gegen meine Feinde / Du salbest mein Haupt mit Öle / und schenkest mir voll ein.
Gutes und Barmherzigkeit werden mir folgen mein Leben lang / Und werde bleiben im Hause des HERRN immer dar.

Gebet der Burjaten
beim großen Pferdeopfer

Schwebe über unseren Stirnen, schwebe über unseren Häuptern.
Schau auf uns ohne Zorn!
Hilf denen unter uns, die vergessen, was wir wissen!
Erwecke unter uns, die schlafen!
In einem rauhen Jahr sei du das Mitleid!
In einem bedrängenden Jahr sei du die Güte!
Schwarze Geister lenke fern von uns, helle Geister führe heran!
Graue Geister lenke fern von uns, Gottheiten führe heran!
Wenn ich furchtsam bin, sei du mir Mut!
Wenn ich beschämt bin, sei du mein wahres Antlitz!
Sei über mir wie eine Decke, unter mir sei wie ein Pelzbett!

Gebet eines Sioux

Ich verspreche dir ein Baumwollhemd und ein Kleid,
o Wakanda.
Auch eine Decke will ich dir geben,
bringst du mich heil und gesund in mein Zelt,
nachdem ich einen Pawnee getötet habe.

AISCHYLOS
Chor thebanischer Jungfrauen

Ah! Ah!
Lärm der Wagen höre ich rings um die Stadt,
Gebieterin Hera!
Naben kreischen, so sind die Achsen beschwert,
Artemis, holde!
Aufruhr ist in der speererschütterten Luft.
Was leidet die Stadt? Was wird geschehen?
Zu welchem Ende führt es ein Gott?

Ah! Ah!
Hagel von Steinen trifft die Zinnen des Wehrs,
Apollon, Gebieter!
Nahe den Toren ist eherner Schilde Gedröhn.
Gönne von Zeus uns
Rein entscheidenden Ausgang, auch in der Schlacht,
Onka, selige Herrin, der Stadt zum Heil
Sei Schutz dem siebentorigen Thron.

Ió, allmächtige Götter,
Vollenderinnen, Vollender,
Ihr Wächter über den Türmen des Lands,
Gebt nicht die speerbedrängte Stadt
Dem Kriegsvolk fremder Zunge preis!
Die Jungfrauen hört, hört, wie sie zu Recht
Die Hände heben und flehen.

Ió, Schutzgeister, geliebte,
Umschreitet die Stadt als Befreier
Und zeigt ihr an, wie sehr ihr sie liebt!
Des Volkes Bräuche nehmt in Acht
Und, achtend ihrer, steht ihm bei!
Die opferreichen Feiern der Stadt
Bewahrt in eurem Gedächtnis.

An Ischtar

Gottheit der Männer und Göttin der Frauen,
deren Ratschluß niemand ergründet,
wo du hinblickst,
wird der Tote lebendig, erhebt sich der Kranke,
kommt zurecht der Verirrte, der dein Antlitz schaut.

Dich rufe ich an, dein geplagter Knecht,
von Schmerzen gequält.
Sieh mich an, meine Herrin, nimm an mein Flehen,
schau auf mich mit Gnade, erhör mein Gebet.
Gnade verkünde, dein Gemüt werde sanft,
Gnade für meinen schwachen Leib, voll Verwirrung und Unheil,
Gnade für mein gequältes Herz, voller Tränen und Seufzer!

Klagegebet der Zulu

Wann haben wir es unterlassen, zu opfern
und deine Ehrennamen zu wiederholen?
Warum bist du denn so knauserig?
Besserst du dich nicht,
dann werden wir alle deine Namen in Vergessenheit
geraten lassen.
Was ist dann dein Los?
Dann kannst du gehen und Grashüpfer essen!
Bessere dich, sonst vergessen wir dich!
Was nützt denn das,
wenn wir schlachten und dich mit deinen Ehrennamen
preisen?
Du verschaffst uns weder Saat noch Viehreichtum.
Du erweist uns keinen Dank für alle unsere Mühe.
Ganz und gar wollen wir dich verstoßen und zu anderen
Menschen sagen,
daß wir überhaupt keine Ahnengeister haben.
Das ist dann dein Schaden.
Wir sind über dich ärgerlich.

HIRATA ATSUTANE
Gebet

Indem ich erst ehrfurchtsvoll
zur Gottheit der beiden Tempel in Ise bete
und dann zu den achthundert Myriaden himmlischer Götter,
den achthundert Myriaden irdischer Götter,
allen eintausendfünfhundert Myriaden Göttern,
denen die großen und kleinen Tempel aller Provinzen,
aller Inseln und aller Orte des großen Landes der acht Inseln,
       Japan,
geweiht sind,
bitte ich ehrfurchtsvoll,
daß sie sich dazu herablassen möchten,
die unbewußten Versehen, deren ich mich schuldig gemacht habe,
zu verbessern, und dadurch,
daß sie mich nach Kräften, über die sie verfügen,
segnen und fördern, zu bewirken,
daß ich dem göttlichen Vorbild folge
und im Schin-to gute Werke tue.

Herr,

ich weiß nicht, was ich dich bitten soll.

Nur du weißt, was ich brauche.

Du liebst mich mehr,

als ich mich selbst zu lieben weiß.

Vater,

gib deinem Kind,

was es selbst nicht zu bitten weiß.

Ich wage dich weder

um Kreuzesleiden noch um Tröstungen zu bitten;

mich selbst gebe ich dir,

ich bringe dir einfach mein Herz dar.

Du siehst, was ich brauche und nicht erkenne.

Du siehst und tust nach deiner Barmherzigkeit.

Schlage oder heile,

beuge mich nieder oder richte mich auf:

Ich bete deine Ratschlüsse an, ohne sie zu kennen.

Ich schweige,

gebe mich zum Opfer,

ich verlasse mich selbst.

Ich habe kein anderes Verlangen,

als deinen Willen zu tun.

Lehre mich beten,

bete du in mir.

FERN VON DIR

RAINER MARIA RILKE

DU, Nachbar Gott, wenn ich dich manchesmal
in langer Nacht mit hartem Klopfen störe, –
so ists, weil ich dich selten atmen höre
und weiß: Du bist allein im Saal.
Und wenn du etwas brauchst, ist keiner da,
um deinem Tasten einen Trank zu reichen:
Ich horche immer. Gieb ein kleines Zeichen.
Ich bin ganz nah.

Nur eine schmale Wand ist zwischen uns,
durch Zufall; denn es könnte sein:
ein Rufen deines oder meines Munds –
und sie bricht ein
ganz ohne Lärm und Laut.
Aus deinen Bildern ist sie aufgebaut.

Und deine Bilder stehn vor dir wie Namen.
Und wenn einmal das Licht in mir entbrennt,
mit welchem meine Tiefe dich erkennt,
vergeudet sichs als Glanz auf ihren Rahmen.

Und meine Sinne, welche schnell erlahmen,
sind ohne Heimat und von dir getrennt.

FADWA TUQAN

Willst du mir dieses Tor nicht öffnen?
Meine Hände sind müde geworden, und noch klopfe ich,
                                        klopfe an Deine Tür.
Zu deinem Hofe kam ich, erbittend
Ein wenig Ruhe, ein wenig Frieden
sei mir beschieden.
Aber dein Hof ist verschlossen
vor mir, in Schweigen gehüllt ...

O Herr des Hauses –
Offen war einstmals dies Tor
Und der Platz eine Zuflucht für alle mit Schmerzen Beladenen.
Offen war einstmals dies Tor, und der Ölbaum,
grün, frei sich streckend
umarmte zärtlich das Haus.
Und das Öl leuchtete schon ohne Feuer.
Des Wächters Schritte leiteten sicher des Nachts,
und die Gebeugten unter der Last der Erde, sie ruhten
selig in dieser friedlichen Stille Fluten.

Hörst du mich, Herr des Hauses?
Ich, die verloren in einsamen Wüsten,
ferne von Dir, kehre jetzt zu Dir heim.

Aber Dein Hof ist verschlossen
vor mir, in Schweigen gehüllt.
Aber Dein Hof ist bedeckt
mit des Todes Staub.

Wenn Du noch hier bist, so öffne das Tor.
       Öffne! Verhülle nicht Dein Antlitz vor mir!
Sieh mich, verwaist und verloren in
       den Ruinen der Welt, der zerstörten,
Auf meinen Schultern der Erde Leid
       und des grausen Geschickes Schrecken,
       die unerhörten ...

PAUL CELAN
Tenebrae

Nah sind wir, Herr,
nahe und greifbar.

Gegriffen schon, Herr,
ineinander verkrallt, als wär
der Leib eines jeden von uns
dein Leib, Herr.

Bete, Herr,
bete zu uns,
wir sind nah.

Windschief gingen wir hin,
gingen wir hin, uns zu bücken
nach Mulde und Maar.

Zur Tränke gingen wir, Herr.

Es war Blut, es war,
was du vergossen, Herr.

Es glänzte.

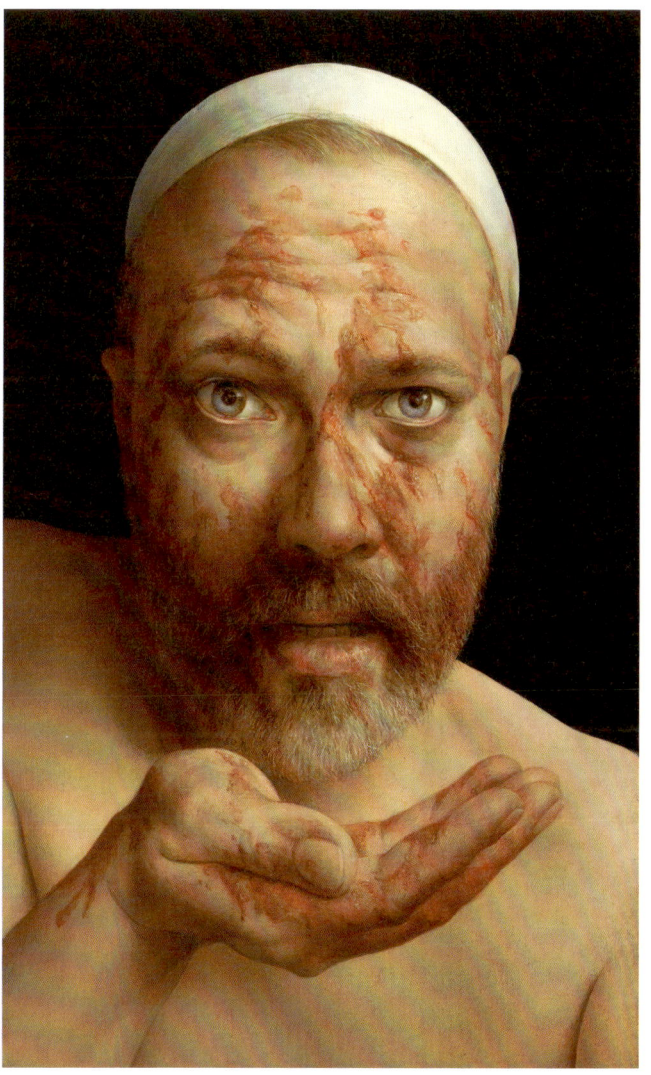

Es warf uns dein Bild in die Augen, Herr.
Augen und Mund stehn so offen und leer, Herr.
Wir haben getrunken, Herr.
Das Blut und das Bild, das im Blut war, Herr.

Bete, Herr.
Wir sind nah.

Dein Gesicht, das quälend umrißlose,
Tief im Dunst – ich machts nicht aus.
»Herr«, so sprach ich und versprach mich,
Sprach ein Ungedachtes aus.

Groß, ein Vogel, flog der Name Gottes
Aus dem Innern, war nicht mehr.
Vor mir Dunst und Nebel, dichter.
Hinter mir ein Käfig, leer.

SYMEON DER NEUE THEOLOGE
Aus den Liebesgesängen an Gott

Komm, den meine arme Seele verlangt hat und verlangt.
Komm, Einsamer zum Einsamen;
denn einsam bin ich, wie du siehst.
Komm, der du mich abgesondert und einsam auf Erden
                                        gemacht hast.
Komm, der du mein Verlangen geworden bist,
und der du gemacht hast, daß ich verlange nach dir,
dem zuzustreben niemand vermag.
Komm, mein Atem und mein Leben.
Komm, Trost meiner Seele ...
Blitzendes Gewand, das die Dämonen versengt ...
Niemals hast du dich je vor irgendeinem verborgen,
sondern wir selber verbergen uns vor dir,
da wir zu dir nicht kommen wollen.
Denn wo solltest du dich verbergen,
der du nirgends einen Ort zu ruhen hast?
So schlage denn, liebreicher Herr,
ein Zelt in mir auf und wohne in mir,
und bis zu meinem Scheiden
trenne doch nicht und sondere dich nicht von mir!

HINUNTER IST DER SONNEN SCHEIN

AURELIUS AUGUSTINUS

»Groß bist du, Herr, und hoch zu preisen,
und groß ist deine Macht und deine Weisheit unermeßlich.«

Und preisen will dich der Mensch,
ein kümmerlicher Abriß Deiner Schöpfung,
ja der Mensch, der herumschleppt sein Sterbewesen,
herumschleppt das Zeugnis seiner Sünde
und das Zeugnis, daß du »den Hochfährigen widerstehst«.

Und dennoch preisen will dich der Mensch,
ein kümmerlicher Abriß Deiner Schöpfung.

Du selbst reizest an, daß dich zu preisen Freude ist;
denn geschaffen hast Du uns zu Dir,
und ruhelos ist unser Herz, bis daß es seine Ruhe findet in dir.

Aus dem jüdischen Abendgebet

Gelobt seist du, Ewiger, unser Gott,
König der Welt,
der durch sein Wort die Abende dunkeln läßt.
Mit seiner Weisheit öffnet er die Tore des Himmels,
mit seiner Einsicht wandelt er die Stunden,
läßt wechseln die Zeiten.
Er ordnet nach seinem Willen die Sterne am Himmel
in ihren Bahnen. Tag und Nacht hat er erschaffen,
er läßt das Licht weichen vor der Finsternis
und die Finsternis vor dem Licht.
Er läßt schwinden den Tag und führt die Nacht herauf
und scheidet zwischen Tag und Nacht.
Gott der Himmelsmächte ist sein Name.
Der lebendige, ewige Gott wird stets
über uns herrschen
in Zeit und Ewigkeit.
Gelobt seist du, Ewiger,
der die Abende dunkeln läßt.

Abendgebet der Kekchi-Indianer

Du, o Gott, du Herr der Berge und Täler!
Ein klein wenig deines Essens, deines Trinkens habe ich dir
                                        gegeben.
Jetzt gehe ich vorüber unter deinen Füßen,
unter deinen Händen, ich, ein Reisender.

Es schmerzt dich nicht, es macht dir keine Mühe,
mir zu geben allerlei große Tiere, kleine Tiere, du mein Vater!
Du hast eine Menge Tiere, den wilden Pfau, den Fasan, das
                                        Wildschwein;
zeige mir also, öffne mir die Augen, nimm sie und setze sie
                            auf meinen Weg.
Ich sehe, ich schaue sie dann;
Ich bin unter deinen Füßen, unter deinen Händen;
Ich bin im Glück, du Herr der Berge und Täler.

Heute muß ich vielleicht meinen Maiskuchen trocken essen
und ich bin doch in einem reichen Jagdgelände;
es möge Gott sehen, daß es hier nichts Lebendes gibt,
vielleicht nur einen wilden Pfau bringe ich, schleppe ich her.

Mag es nun so oder so sein, was ich sage, was ich denke, ist:
Gott, du bist meine Mutter, du bist mein Vater.
Jetzt werde ich also schlafen unter deinen Füßen, unter
deinen Händen,
du Herr der Berge und Täler,
du Herr der Bäume, du Herr der Schlinggewächse.

Morgen ist wieder der Tag, morgen ist wieder das Sonnenlicht.
Ich weiß nicht, wo ich dann sein werde.
Wer ist meine Mutter? Wer ist mein Vater?
Nur du, o Gott, du siehst mich, du beschützt mich auf
jedem Weg,
in jeder Dunkelheit, vor jedem Hindernis,
das du verstecken, das du beseitigen mögest,
du, o Gott, du mein Herr, du Herr der Berge und Täler.

Nur das ist, was ich sage, was ich denke,
sei es nun, daß es mehr,
sei es, daß es nicht mehr sein sollte, was ich gesagt habe:
Du erträgst, du vergißt meine Verfehlungen!

NIKOLAUS HERMANN

Hinunter ist der Sonnen Schein

Hinunter ist der Sonnen Schein,
Die finstre Nacht bricht stark herein.
Leucht uns, Herr Christ, du wahres Licht,
Laß uns im Finstern tappen nicht.

Dir sei Dank, daß du uns den Tag
Für Schaden, Fahr und mancher Plag
Durch deine Engel hast behüt
Aus Gnad und väterlicher Güt.

Womit wir han erzürnet dich,
Dasselb verzeih uns gnädiglich
Und rechn es unser Seel nicht zu,
Laß uns schlafen mit Fried und Ruh.

Durch dein Engel die Wach bestell,
Daß uns der böse Feind nicht fäll.
Für Schrecken, Gspenst und Feuersnoth,
Behüt uns heut, o lieber Gott.

Aus dem Ägyptischen Totenbuch

O Re,
der in seinem Ei ist,
der in der Sonnenscheibe leuchtet
und aus seinem Horizont aufglänzt,
der in seiner Himmelsschale schwimmt,
dessengleichen es unter den Göttern nicht gibt,
der dahinfährt auf der »Hochhebung des Schu«,
der Atem gibt durch den Gluthauch seines Mundes,
der die Beiden Länder mit seinem Lichtglanz erleuchtet –
mögest du *N.N.* retten vor jenem Gott mit geheimer Gestalt,
dessen Augenbrauen die Waagebalken sind
in jener Nacht der Abrechnung mit dem Frevler!

Kaddisch der Leidtragenden

Erhoben und geheiligt werde sein großer Name
in der Welt, die er nach seinem Willen geschaffen,
und sein Reich erstehe in eurem Leben
und in euren Tagen und dem Leben des ganzen Hauses Jisrael,
schnell und in naher Zeit. Sprecht: Amen!
   Sein großer Name sei gepriesen
   in Ewigkeit und Ewigkeit der Ewigkeiten!
Gepriesen und gerühmt und verherrlicht
und erhoben und erhöht und gefeiert
und hoch erhoben und hochgelobt sei der Name des Heiligen. –
Gelobt sei er!
Hoch und erhaben über jedem Lob und Gesang,
über Verherrlichung und Trostverheißung,
die je in der Welt gesprochen wurden. Sprecht: Amen!
Die Fülle des Friedens möge vom Himmel herabkommen,
Leben für uns und ganz Jisrael!
Sprecht: Amen!
Der Frieden stiftet in den Himmelshöhen,
stifte Friede unter uns und ganz Jisrael! Sprecht: Amen!

ZBIGNIEW HERBERT
Brevier

Herr,

    ich weiß meine Tage sind gezählt

    es bleiben nicht mehr viele

    gerade so viele daß ich es schaffe den Sand zu raffen

    mit dem mein Gesicht bedeckt werden wird

    ich schaffe es nicht

    denen Genugtuung zu geben denen ich Unrecht getan

    und mich bei denen zu entschuldigen

    die ich gekränkt habe

    darum ist meine Seele traurig

    mein Leben

    hätte einen Kreis bilden

    sich schließen sollen wie eine wohlkomponierte Sonate

    doch jetzt sehe ich deutlich

    kurz vor der Coda

    abgerissene Akkorde

    falsche gewählte Farben und Worte

    schrille Dissonanzen

    Sprache des Chaos

warum

war mein Leben

nicht wie die Kreise im Wasser

ein in unergründlichen Tiefen

erwachender Anfang der wächst

sich fügt zu Ringen Stufen Falten

um ruhig zu sterben

in deinem unergründlichen Schoß

Oho! Oho!
Erhebe dich, o König *N. N.*,
empfange deinen Kopf,
umfasse deine Knochen,
sammle dir deine Glieder,
schüttle die Erde ab von deinem Fleisch!

Empfange dein Brot, das nicht schimmelt,
und dein Bier, das nicht sauer wird!

Du sollst hintreten vor die Türflügel, die das Volk abwehren,
und Chentimenutef soll zu dir heraustreten,
auf daß er deine Hand ergreife
und dich zum Himmel hole
zu deinem Vater Geb.

Der wird jubeln bei deinem Nahen
und seine Arme nach dir ausstrecken.
Er wird dich küssen und dich nähren
und dich an die Spitze der verklärten Geister,
                    der Unvergänglichen, stellen.

Die mit geheimen Sitzen werden dich anbeten,
die Großen werden sich bei dir versammeln,
und die Wächter werden vor dir aufstehen.

Ich habe für dich Gerste gedroschen und Emmer gemäht,
damit ich damit dein Monatsfest ausrichten kann
und damit ich damit dein Vollmondsfest ausrichten kann,
wie es dein Vater Geb befohlen hat für dich zu tun.

Erhebe dich, König *N.N.*, du bist nicht gestorben!

Orthodoxes Gebet zu Ostern

Nun ist alles mit Licht erfüllt,
Himmel und Erde
und die Unterwelt.
Die ganze Schöpfung möge
Christi Auferweckung feiern,
in der sie gegründet ist.

Gestern wurde ich mit dir begraben, Christus.
Heute werde ich mit dir erweckt,
Auferstandener.
Gestern wurde ich mit dir gekreuzigt.
Verkläre mich, Retter, auch mit dir
in deinem Reich.

LASS UNS DENN GEHEN

PLATON
Gebet

Sokrates:
»O lieber Pan und ihr Götter,
die ihr sonst hier zugegen seid,
verleiht mir,
schön zu sein im Inneren
und daß, was ich Äußeres habe, dem Inneren befreundet sei.
Für reich möge ich den Weisen halten
und solche Menge Goldes besitzen,
wie ein anderer als der Mäßige
gar nicht tragen und führen könnte.«

Brauchen wir noch etwas anderes, o Phaidros? Ich für mich
        habe hinreichend gebetet.
Phaidros:
Auch für mich bete dieses mit: denn Freunden ist alles gemein.
Sokrates:
Laß uns denn gehen.

ANGELUS SILESIUS

Freund, es ist auch genug. Im Fall du mehr willst lesen,
So geh und werde selbst die Schrift und selbst das Wesen.

ANMERKUNGEN ZU DEN TEXTEN
UND QUELLEN

Seite 9

San Juan de la Cruz (gestorben 1591 in Andalusien) betritt »in einer dunklen Nacht« einen mystischen Pfad, der alles Vertraute zurückläßt und ins Offene führt, auf die Vereinigung mit einem Gott zu, der ganz unsagbar ist – ein Liebesgedicht der menschlichen Seele.

Francisco Rico (Herausgeber), Mil años de poesía española, Antología comentada, Barcelona: Planeta, 2000, S. 299 (Übertragung von Christian Lehnert).

Seite 13

Czesław Miłosz (1911-2004), Vom Gebet

DAS und andere Gedichte, aus dem Polnischen von Doreen Daume, München: Hanser, 2004, S. 116.

Seite 14

Für Paulus (Brief an die Römer 8,26) ist das Gebet keine menschliche Möglichkeit, sondern Widerfahrnis, ein paradoxes passives Tun. Seinen Römerbrief hat er vermutlich im Jahr 56 in Korinth diktiert.

Seite 15

Für Hesiod (geboren vor 700 vor Christus, vermutlich in Askra)
sind noch alle Vollzüge des Lebens durchzogen von Spuren der
Götter und kultischen Regeln. Das Gebet ist auch ein Alltagsvoll-
zug – wie Essen und Waschen und Ausscheidung.

Theogonie, Werke und Tage, Griechisch – Deutsch, herausgegeben und
übersetzt von Albert von Schirnding, Berlin: Akademie Verlag, 2012,
S. 138 ff.

Seite 16

Das Wessobrunner Schöpfungsgebet wurde wohl aus dem Angel-
sächsischen übersetzt und um 800 aufgezeichnet. Es vereint eine
mythische Rückschau zum Anfang der Schöpfung aus dem Nichts
(fast wörtlich nach der altnordischen Völupsa) und einen traditio-
nellen Gebetstext.

Nach dem althochdeutschen Text der Ausgabe: Frühe deutsche Literatur
und lateinische Literatur in Deutschland 800-1150, herausgegeben von
Walter Haug und Benedikt Konrad Vollmann, Frankfurt am Main: Deutscher Klassiker Verlag, 1991, S. 48 (Übertragung von Christian Lehnert).

Seite 17

Hopkins, Gerard Manley (1844-1889), Durchwirkte Schönheit
Sonnets, übertragen von Wolfgang Kaußen, Frankfurt am Main: S.P.Q.,
1995, S. 47.

Seite 18

Franziskus von Assisi (1182-1226) dichtete den Sonnengesang Ende 1224, als er krank in San Damiano in Assisi lag. Die Verse sind im umbrischen Dialekt geschrieben. Das vom Deutschen abweichende Geschlecht der Substantive (der Sonne, die Mond) zwingt zu Anpassungen in der Übertragung.

Cantico di Frate Sole di Francesco d'Assisi, Antologia della poesia italiana, a cura di C. Segre e C. Ossola, vol. I, Torino: Einaudi, 1997 (Übertragung von Christian Lehnert).

Seite 20

Pharao Amenophis IV. (1365-1348 vor Christus) begann im fünften Jahr seiner Herrschaft eine religiöse Revolution, indem er versuchte, an die Stelle des ägyptischen Götterhimmels den alleinigen Gott Aton zu setzen, die wandernde »Sonnenscheibe«, und einen monotheistischen Kult einzuführen. Er nannte sich selbst Echnaton, »der dem Aton Gefällige«. Nach seinem Tod wurde er als Ketzer aus dem kulturellen Gedächtnis verbannt.

Jan Assman, Der Große Hymnus des Echnaton von Amarna (Amarnazeit, um 1340 v. Chr.), in: Texte aus der Umwelt des Alten Testaments, herausgegeben von Otto Kaiser, Band 2, Lieferung 6, Lieder und Gebete, Gütersloh: Mohn, 1991, S. 848-853 (Adaption von Christian Lehnert).

Seite 23

Das vorrangige geistige Bestreben Laudses, dem das Werk »Daudedsching« zugeschrieben wird, bestand darin, sich zu verbergen und namenlos zu bleiben. So wissen wir fast nichts von ihm.

Vermutlich lebte er im vierten vorchristlichen Jahrhundert. Auch seine Lehre kann nicht als solche bezeichnet werden – eher war es eine religiöse Verstörung. Alle reflektierte Erfahrung und Benennung, alles Tun ließ sie hinter sich. Das Wort »Dau« markiert eine Lücke in der Sprache und kann ebenso mit Wörtern wie Leere oder Nichtsein wiedergegeben werden wie mit Logos, Sinn, Gott oder Weltgesetz.

Laudse, Daudesching, aus dem Chinesischen übersetzt und herausgegeben von Ernst Schwarz, Leipzig: Reclam, 1978, S. 51.

Seite 24

Aus den morgendlichen Segenssprüchen im jüdischen Gebet

Jüdisches Gebetbuch, Schabbat und Werktage, herausgegeben und übersetzt von Rabbiner Prof. Dr. Andreas Nachama, Rabbiner Jonah Sievers unter Mitarbeit von Dr. Noga Hartmann, Gütersloh: Gütersloher Verlagshaus, 2009, S. 17 f.

Seite 25

Iam lucis orto sidere, der Hymnus ist im Römischen Brevier für das Gebet am Morgen in der Frühe vorgesehen. Trotz des ambrosianischen Metrums wird er in das siebente nachchristliche Jahrhundert datiert.

Jochen Klepper, Ziel der Zeit, Die gesammelten Gedichte, Witten und Berlin: Eckart Verlag, 1962, S. 45.
Der lateinische Text und eine andere Übertragung sind zu finden in: Lateinische Hymnen, herausgegeben von Alex Stock, Berlin: Verlag der Weltreligionen, 2012, S. 337.

Seite 27

Dschelal-eddin Rumi (1207-1273) ist der wohl bedeutendste mysti-
sche Dichter Persiens. Er inspirierte den Orden der Tanzenden Der-
wische. Verlöschen verstand er als Weg des Werdens. Die ersehnte
Einheit mit dem undenkbaren Gott ließen ihn die Grenzen tradier-
ter Religionen überschreiten hin auf eine verbindende Wahrheit im
Innern des suchenden Menschen. Friedrich Rückert hat die Verse
übertragen und dabei die Form des Ghasels im Deutschen nach-
geahmt.

Friedrich Rückert, Werke in sechs Bänden, herausgegeben von Conrad
Beyer, Band 4, Erste Abteilung: Lyrik, Leipzig: Max Hesse, 1900, S. 222.

Seite 28

Baba Nānak (1469-1538), der Stifter des Sikhismus, predigte sin-
gend eine Harmonie von Hinduismus und Islam in einem konse-
quenten Monotheismus. Im Zentrum der Gebetspraxis steht die
verinnerlichende Wiederholung des Wahren Namens Gottes.

Aus dem Gurū Granth Sāhib und anderen heiligen Schriften der Sikh,
ausgewählt und aus dem Panjābi und Braj übersetzt von Tilak Raj Chopra
und Heinz Werner Wessler, herausgegeben von Martin Kämpchen, Berlin:
Verlag der Weltreligionen, 2011, S. 71.

Seite 30

Die Bhagavad Gītā, »Der Gesang des Erhabenen«, ein religions-
philosophisches Langgedicht des Hinduismus, ist zwischen dem
dritten vorchristlichen und fünften nachchristlichen Jahrhundert
entstanden – ein bilderreiches gedankliches Kreisen in hunderten

Strophen um die göttliche Wahrheit hinter dem Schein der Welt. *In diesem Gebetsausschnitt wird der Gott Krishna in seiner Jenseitigkeit schneidend paradox angesprochen – als der Unfaßliche im Faßlichen, Ursprung des Lebens und dessen Zerstörung, als brodelndes Chaos und zeitlose Ordnung.*

Yoga der Schau der kosmischen Gestalt – Vishvarūpa Darshana Yoga, Bhagavad Gītā, aus dem Sanskrit übersetzt und herausgegeben von Michael von Brück, Frankfurt am Main: Verlag der Weltreligionen, 2007, S. 78 ff (Adaption von Christian Lehnert).

Seite 33

Hildegard von Bingen (1098-1179), Äbtissin, Naturkundlerin und Mystikerin.

Analecta Sanctae Hildegardis opera, spicilegio solesmensi parata, edidit Joannes Baptista Card. Pitra, T. VIII, Typis Sacri Montis Casinensis, 1882, S. 450 (Übertragung von Christian Lehnert).

Seite 34

Es ist ungenau, auf die mündliche und gesungene Dichtung von Indianern Nordamerikas das Wort »Gebet« anzuwenden. Doch ist die Ausrichtung auf eine transzendente Kraft, die sich in Gottheiten, Ahnengeistern und Naturerscheinungen, in Reinkarnationen, Rausch und Trance manifestiert und der sich Schamanen und Medizinmänner kultisch nähern, darin allgegenwärtig.

Gebet eines Pawnee-Indianers, Ernesto Cardenal, Poesie der Naturvölker, übersetzt von Anneliese Schwarzer de Ruiz und Lutz Kliche, Gütersloh: Mohn, 1989, S. 80.

Seite 35

Origines (geboren in Alexandrien um 185, gestorben 254 in Tyrus)
war ein einflußreicher neuplatonischer Theologe, der aber später
als Ketzer verurteilt wurde.

Gebete der Urkirche, ausgewählt und übertragen von Ludwig A. Winterswyl, Freiburg im Breisgau: Herder, 1940, S. 66.

Seite 36

Mithras ist ein altiranischer Licht- und Sonnengott, dessen Vereh-
rung durch Missionare in der Antike nach Westen getragen und in
einen hellenistischen Mysterienkult umgewandelt wurde. Er brei-
tete sich parallel zum Christentum aus. Das strenge Schweigen der
Eingeweihten über den Kult macht Rekonstruktionen schwierig.

Eine Mithrasliturgie, übersetzt und erläutert von Albrecht Dietrich, Leipzig: Teubner, 1905, S. 8-11 (Großer Pariser Zauberpapyrus Z. 475-723).

Seite 37

Die Gnostiker und frühen pneumatischen Bewegungen in und
neben dem antiken Christentum kennen alle das Phänomen der
Glossolalie, der Zungenrede. Die Geistergriffenen verlieren im Ge-
bet die Kontrolle über ihre Sprache, und »es« spricht aus ihnen.
Laute ohne Sinn und tiefste Bedeutung fallen in eins; Gott mani-
festiert sich im Laut selbst.

Pistis Sophia, Codex Askewianus, übersetzt von Carl Schmidt und Wilhelm Till, in: Neutestamentliche Apokryphen, herausgegeben von Wilhelm Schneemelcher, Band 1, Evangelien, Berlin: Evangelische Verlagsanstalt, 1961, S. 182.

Seite 38

Ruhe (hesychia) gilt den griechisch-orthodoxen Mönchen auf dem Athos als Ziel ihrer meditativen Gebetspraxis und Zeichen der Vergöttlichung des Menschen. Das Herzensgebet verbindet Atemtechnik mit der ständigen Wiederholung der Worte: »Herr Jesus Christus, erbarme dich meiner«.

Vom Herzensgebet der Athos-Mönche, Die Centurie der Mönche Kallistus und Ignatius anthopouloi genannt, Die Meditation des Herzensgebets, herausgegeben und übersetzt von Alfons Rosenberg, Bern und München: Otto Wilhelm Barth, 1983, S. 51 ff.

Seite 40

Das Sutta vom bedachtsamen Ein- und Ausatmen, Ānāpāna-satisutta, Majjhimanikāya 118, beschreibt den ersten »Pfeiler der Wachsamkeit«. Die aus dem Yoga bekannten Atemübungen sollen den Meditierenden zur Loslösung von äußeren Eindrücken, von diskursivem Denken und von seinen Vorstellungswelten führen. So wird der Geist gesammelt und zur intuitiven Erkenntnis geführt.

Weisheit des alten Indien, Band 2, Buddhistische Texte, herausgegeben und übersetzt von Johannes Mehlig, Leipzig: Kiepenheuer, 1987, S. 171 f.

Seite 43

Die Upanischaden (ab dem sechsten vorchristlichen Jahrhundert entstanden) sind Zeugnisse frühesten spekulativen Denkens in Indien. Sie betreten in ihrem Selbstverständnis ein Arkanum, sprechen aus dem und im Geheimnis. Auch der Urgrund (brahman) wird betend in der Negation des Betens besungen als »nicht das, dem man hier huldigt«.

Upanischaden, Arkanum des Veda, aus dem Sanskrit übersetzt und herausgegeben von Walter Slaje, Frankfurt am Main: Verlag der Weltreligionen, 2009, S. 348 f.

Seite 44

Levi Jizchak von Berditschew, chassidischer Rabbi (gestorben 1809). Martin Buber (1878-1965), jüdischer Religionsphilosoph, sammelte Legenden im Sinne der chassidischen Überzeugung, »wenn einer das Lob der Zaddikim erzähle, so sei dies, als befasse er sich mit dem Mysterium des von Ezechiel geschauten Gotteswagens«.

Martin Buber, Die Erzählungen der Chassidim, Zürich: Manesse, 1996, S. 342.

Seite 45

Emily Dickinson (1830-1886), die in Amherst (Massachusetts) ganz zurückgezogen lebende Dichterin galt bald nach ihrem Tod als eine der wichtigsten modernen Stimmen der angelsächsischen Poesie. In ihrer Wendung nach innen, in Ekstase und Bewußtseinskrisen, bewegte sie sich poetisch vielfach am Rand zum Gebet.

Emily Dickinson, Dichtungen, ausgewählt und übertragen von Werner von Koppenfels, Mainz: Dietrich'sche Verlagsbuchhandlung, 1995, S. 327.

Seite 46

'Abdur Rahmān Dschami (1414-1492), islamischer Mystiker und klassischer Dichter Persiens.

Annemarie Schimmel, Nimm eine Rose und nenne sie Lieder, Poesie der islamischen Völker, Frankfurt am Main: Insel, 1995, S. 263.

Seite 47

Mechthild von Magdeburg (1207-1282), Mystikerin, lebte zuletzt im Zisterzienserinnenkloster Helfta.

Das fließende Licht der Gottheit, herausgegeben von Gisela Vollmann-Profe, Berlin: Verlag der Weltreligionen, 2010, S. 92 ff. (Übertragung von Christian Lehnert).

Seite 49

Sappho (um 600 vor Christus). Diese Anrufung der Göttin Aphrodite in ihrem heiligen Bezirk fand man in Ägypten auf einer Scherbe, aufgezeichnet von der Hand eines Schülers mit ungelenker Schrift.

Wolfgang Schadewaldt, Sappho, Welt und Dichtung, Dasein in der Liebe, Potsdam: Eduard Stichnot, 1950, S. 78 ff (Übersetzung von Wolfgang Schadewaldt).

Seite 52

Paul Gerhardt (1607-1676), barocker Dichter und Theologe. Weihnachtslied, Strophen 1-5.8-9.14.

Dichtungen und Schriften, herausgegeben und textkritisch durchgesehen von Eberhard von Cranach-Sichart, München: Paul Müller, 1957, S. 17 ff.

Seite 55

Johannes Tauler (1300-1361), Dominikanermönch, Theologe und Mystiker. Taugen: gut, nützlich.

Deutsche Mystik, Religionskundliche Quellenbücherei, Leipzig: Quelle und Meyer, 1926, S. 33.

Seite 57

Die Begrüßung der Ikonen, die rechts und links der »Königstür« der Ikonostase Christus und Maria darstellen, ist Ausdruck orthodoxen Bildverständnisses: Urbilder werden in ihnen wirklich, analog der Inkarnation Christi in einer menschlichen Gestalt.

Die Göttliche Liturgie der Orthodoxen Kirche, Deutsch – Griechisch – Kirchenslawisch, herausgegeben, übersetzt und erläutert von Anastasios Kallis, Mainz: Grünewald, 1993, S. 8.

Seite 59

Ave, verum corpus, das lateinische Reimgebet stammt aus dem 13. Jahrhundert und wurde vielfach vertont. Es hatte seinen Ort in der privaten Andacht, später als Hymnus zur Elevation der Hostie.

Lateinische Hymnen, herausgegeben von Alex Stock, Berlin: Verlag der Weltreligionen, 2012, S. 233 (Übersetzung von Christian Lehnert).

Seite 60

Die Zwölfapostellehre (Didache, erste Hälfte des zweiten Jahrhunderts aus dem syrischen Raum) beschreibt eine der ältesten Litur-

gien einer christlichen Mahlfeier. Sie ist eng angelehnt an jüdische Riten.

Didache, Zwölf-Apostel-Lehre, übersetzt und eingeleitet von Georg Schöllgen, Fontes Christiani, Zweisprachige Neuausgabe christlicher Quellentexte aus Altertum und Mittelalter, Freiburg i. B.: Herder, 1991, S. 120 ff.

Seite 61

Die Brhadāranyaka ist die älteste der Upanischaden, aufgezeichnet zwischen 700 und 500 vor Christus. Der Opferritus wird noch ohne die späteren sprachlichen Sublimierungen dargestellt. Er greift in die kosmische Ordnung ein. Svāhā: Segensruf beim Opfer.

Upanischaden, Arkanum des Veda, aus dem Sanskrit übersetzt und herausgegeben von Walter Slaje, Frankfurt am Main: Verlag der Weltreligionen, 2009, S. 209 f.

Seite 64

Orphischer Hymnus (Nr. 45), vermutlich um 200 vor Christus. Die Verehrung des autochthonen Gottes Dionysos, des Fremden aus dem Osten, aus Thrakien und Phrygien, nahm im fünften vorchristlichen Jahrhundert in Griechenland Mysteriengestalt an. Das Gefolge der besessenen Mänaden gehörte dazu, Rausch und sexuelle Exzesse – Inszenierungen des bedrohlich Fremden im Inneren des erlösungsbedürftigen Menschen.

Umwelt des Urchristentums, Band 2, Texte zum neutestamentlichen Zeitalter, herausgegeben und übersetzt von Johannes Leipoldt und Walter Grundmann, Berlin: Evangelische Verlagsanstalt, 1967, S. 86.

Seite 66

Die eröffnende Sure des Korans (al-Fātiha) ist ein islamisches Grundgebet, vergleichbar dem christlichen Vaterunser. Es war schon als eine Art Introitus für den Gebetsritus im Gebrauch, als es dem Koran redaktionell vorangestellt wurde. Hier weist es auf eine spezifische Hermeneutik: Göttliche Führung braucht der Leser.

Seite 67

Martin Luther (1483-1546), Sintflutgebet, Das taufbuchlin auffs new zu gericht, 1526. Arca: Arche.

D. Martin Luthers Werke. Kritische Gesamtausgabe (WA), Band 19, Weimar: Hermann Böhlaus Nachfolger, 1897, S. 539 f.

Seite 69

Martin Luther, Psalm 23, Biblia/das ist/die gantze Heilige Schrift Deudsch, 1534.

D. Martin Luthers Werke. Kritische Gesamtausgabe (WA), Die deutsche Bibel (1522-1546), Band 10, 1. Hälfte, Weimar: Hermann Böhlaus Nachfolger, 1956, S. 171.

Seite 70

Gebet der Burjaten (ein ostmonglischer Stamm am Baikalsee) beim großen Pferdeopfer.

Wilhelm Schmidt, Der Ursprung der Gottesidee, Band 10, Die asiatischen Hirtenvölker, Münster: Aschendorff, 1952, S. 220.

Seite 71

Gebet eines Sioux

Ernesto Cardenal, Poesie der Naturvölker, übersetzt von Anneliese Schwarzer de Ruiz und Lutz Kliche, Gütersloh: Mohn, 1989, S. 91.

Seite 72

Die Stücke des Aischylos (525-455 vor Christus) wurden bei den Dionysos-Festen in Athen aufgeführt und hatten kultischen Charakter. Theater und Gottesdienst fielen fast in eins. Der Chor stammt aus der Tragödie »Sieben gegen Theben« (152-180).

Aischylos, Die Tragödien, Übersetzungen mit Anmerkungen von Emil Staiger und Walther Kraus, Stuttgart: Reclam, 2002, S. 55.

Seite 74

Die wichtigste babylonische Göttin Ischtar ist, wie alle mesopotamischen Gottheiten, unscharf und in ihrer Gestalt schwer zu fassen. »Sie« ist nicht einmal im Geschlecht genau bestimmt. Sie galt in Babylonien wie in Assyrien als Göttin des Krieges, der Fruchtbarkeit und des Begehrens und war dem Planeten Venus zugeordnet.

Franz Marius Theodor de Liagre Böhl, Die Religion der Babylonier und Assyrer (Übersetzung von F. M. T. de Liagre Böhl), in: Franz König (Herausgeber), Christus und die Religionen der Erde, Band 2, Basel und Wien: Herder, 1956, S. 480.

Seite 75

Überliefertes Klagegebet aus dem südafrikanischen Volksstamm der Zulu.

116

Friedrich Heiler, Das Gebet. Eine religionsgeschichtliche und religions-psychologische Untersuchung, München: Ernst Reinhardt, 1921, S. 83.

Seite 76

Schin-to bedeutet »Weg der Kami«, der Schutzgottheiten für alle Dinge. Es sind Naturkräfte, Ahnen oder auch Wörter, allgegen-wärtige Manifestationen des Heiligen. Schon im alten Shintoismus kam es zu einer gewissen Vorherrschaft des kaiserlichen Kami, der Göttin Amaterasu (= die Gottheit der beiden Tempel in Ise, »die am Himmel Leuchtende«). Hirata Atsutane (1776-1843), Shinto-Gelehrter.

Helmer Ringgren / Ake von Ström, Die Religionen der Völker, Grundriß der allgemeinen Religionsgeschichte, Stuttgart: Kröner, 1959, S. 443.

Seite 77

François de Salignac de la Mothe Fénelon (1651-1715), Schriftsteller und Theologe, seit 1695 Erzbischof von Cambrai, Erzieher der En-kel Ludwigs XIV., Anhänger einer quietistischen Mystik.

Œuvres spirituelles de Fénelon, 1 / pub. d'après l'éd. de ses œuvres comp-lètes, mise dans un orde nouveau, et augmentée d'un notice sur l'illustre auteur, Paris, 1824, S. 74 f. (Übertragung von Christian Lehnert).

Seite 78

Rainer Maria Rilke (1875-1926), DU, Nachbar Gott – das Gedicht steht im »Stunden-Buch, Vom mönchischen Leben« (1899, zwi-schen 1904 und 1909 überarbeitet).

Sämtliche Werke, herausgegeben vom Rilke-Archiv in Verbindung mit Ruth Sieber-Rilke, besorgt durch Ernst Zinn, Band 1, Frankfurt am Main: Insel, 1987, S. 255 f.

Seite 80

Fadwa Tuqan, palästinensische Dichterin, geboren in Nablus 1917, gestorben während der Al-Aqsa-Intifada in Nablus 2003.

Annemarie Schimmel, Nimm eine Rose und nenne sie Lieder, Poesie der islamischen Völker, Frankfurt am Main: Insel, 1995, S. 276 f.

Seite 82

Tenebrae, lateinisch: Finsternis. »Von der sechsten Stunde an kam eine Finsternis über das ganze Land …«, heißt es bei Matthäus 27,45 im Bericht vom Tod Jesu am Kreuz. Das frühmorgendliche Stundengebet zu Gründonnerstag, Karfreitag und Karsamstag wird Officium tenebrae (Finstermette) genannt.

Paul Celan, Die Gedichte, herausgegeben von Barbara Wiedemann, Berlin: Suhrkamp, 2018, S. 101.

Seite 85

Ossip Mandelstam, russischer Dichter, geboren 1891 in Warschau, gestorben 1938 bei Wladiwostok in einem Lager. »Dein Gesicht« (1912), deutsch von Paul Celan.

Hufeisenfinder, Gedichte, russisch und deutsch, herausgegeben von Fritz Mierau, Leipzig: Reclam, 1989, S. 15.

Seite 86

Symeon der neue Theologe (949-1022), griechisch-orthodoxer Theologe und Mystiker, sah und beschrieb in Hymnen (erōtes tōn theiōn hymnōn) das »Taborlicht«.

Ekstatische Konfessionen, gesammelt von Martin Buber, Leipzig: Insel, 1921, S. 55 f.

Seite 87

Mit diesem Gebet beginnen die »Bekenntnisse«, die spirituelle Lebenserzählung des nordafrikanischen Theologen und Bischofs von Hippo, Aurelius Augustinus, geschrieben zwischen 397 und 401. Er zitiert Psalm 145,3 und Psalm 147,5 sowie 1 Petrus 5,5.

Bekenntnisse / Confessiones, aus dem Lateinischen übersetzt von Joseph Bernhardt, herausgegeben von Jörg Ulrich, Frankfurt am Main: Verlag der Weltreligionen, 2007, S. 9.

Seite 88

Aus dem jüdischen Abendgebet

Jüdisches Gebetbuch, Schabbat und Werktage, herausgegeben von Rabbiner Prof. Dr. Andreas Nachama, Rabbiner Jonah Sievers unter Mitarbeit von Dr. Noga Hartmann, Gütersloh: Gütersloher Verlagshaus, 2009, S. 114 f. (Übertragung von Christian Lehnert).

Seite 89

Abendgebet der südamerikanischen Kekchi-Indianer

Friedrich Heiler, Das Gebet. Eine religionsgeschichtliche und religionspsychologische Untersuchung, München: Ernst Reinhardt, 1921, S. 92.

Seite 91

Nikolaus Hermann (1500-1561), Dichter, Lehrer und Kantor in Joachimsthal in Böhmen.

Nikolaus Herman und Johannes Mathesius, Geistliche Lieder in einer Auswahl nach dem Originaltext herausgegeben von Karl Friedrich Ledderhose, Halle: Julius Fricke, 1855, S. 88 f.

Seite 92

Das sogenannte »Totenbuch« ist eine der reichen Darstellungen der jenseitigen Welt im Alten Ägypten. Es vereint Totenliturgien und überliefertes Wissen um den Weg der Verstorbenen. Seit dem Anfang des Neuen Reiches wurden solche Texte nicht mehr in die Särge, sondern auf Papyrusrollen geschrieben. Hier ist es der Auftakt einer Fürbitte um Beistand im Totengericht an den Sonnengott in Gestalt des Re.

Ägyptische Religion, Totenliteratur, aus dem Ägyptischen übersetzt und herausgegeben von Jan Assmann und Andrea Kucharek, Frankfurt am Main: Verlag der Weltreligionen, 2008, S. 386.

Seite 93

Kaddisch der Leidtragenden, aramäisches Gebet, verwandt dem Vaterunser Jesu. Es hat seinen Ort im täglichen jüdischen Gebet und im Totengedenken.

Jüdisches Gebetbuch, Pessach – Schawuot – Sukkot, herausgegeben und übersetzt von Rabbiner Prof. Dr. Andreas Nachama, Landesrabbiner Jonah Sievers unter Mitarbeit von Dr. Noga Hartmann, Gütersloh: Gütersloher Verlagshaus, 2009, S. 391 f.

Seite 94

Zbigniew Herbert (1924-1998)

Gesammelte Gedichte, herausgeben von Ryszard Krynicki, aus dem Polnischen von Henryk Bereska, Karl Dedecius, Renate Schmidgall, Klaus Staemmler und Oskar Jan Tauschinski, Berlin: Suhrkamp, 2016, S. 568.

Seite 96

Die ägyptischen Pyramidentexte sind Wandbeschriftungen in den unterirdischen Kammern der Pyramiden seit 2400 vor Christus. Hier handelt es sich um einen Teil der Rezitationen des Priesters: Auf den Weckruf aus dem Totenschlaf folgt die Bitte an den verstorbenen König, ein Opfer entgegenzunehmen. Dieses soll bewirken, daß er zum Himmel aufsteigt, von seinem Vater Geb empfangen und zum Herrscher der jenseitigen Wesen erhoben wird.

Ägyptische Religion, Totenliteratur, aus dem Ägyptischen übersetzt und herausgegeben von Jan Assmann und Andrea Kucharek, Frankfurt am Main: Verlag der Weltreligionen, 2008, S. 38 f.

Seite 98

Orthodoxes Gebet zu Ostern

Gottesdienste am Heiligen und Hohen Herrntag des Pas'cha (Ostersonntag), Griechisch – Deutsch, herausgegeben und übersetzt von Anastasios Kallis, Münster: Theophano, 2001, S. 67 (Übertragung hier von Christian Lehnert).

Seite 100

Platon (427-347 vor Christus), Beschluß des Gespräches »Phaidros«.
Werke in acht Bänden, Band 5, herausgegeben von Gunther Eigler, bearbeitet von Dietrich Kurz, deutsche Übersetzung von Friedrich Schleiermacher und Dietrich Kurz, Darmstadt: Wissenschaftliche Buchgesellschaft, 2011, S. 279.

Seite 101

Angelus Silesius (Johannes Scheffler, 1624-1677), seine Spruchdichtung »Cherubinischer Wandersmann« zählt zu den wichtigsten Zeugnissen christlicher Mystik im 17. Jahrhundert.
Sämtliche poetische Werke, herausgegeben von Hans Ludwig Held, Band 3, München: Hanser, 1949, S. 218.

GEHE HINÜBER
Ein Nachwort

DIE ANDERE SEITE

»Viele beklagen sich, daß die Worte der Weisen immer wieder nur Gleichnisse seien, aber unverwendbar im täglichen Leben, und nur dieses allein haben wir. Wenn der Weise sagt: ›Gehe hinüber‹, so meint er nicht, daß man auf die andere Seite hinübergehen solle, was man immerhin noch leisten könnte, wenn das Ergebnis des Weges wert wäre, sondern er meint irgendein sagenhaftes Drüben, etwas, das wir nicht kennen, das auch von ihm nicht näher zu bezeichnen ist und das uns also hier gar nichts helfen kann. Alle diese Gleichnisse wollen eigentlich nur sagen, daß das Unfaßliche unfaßlich ist, und das haben wir gewußt. Aber das, womit wir uns jeden Tag abmühen, sind andere Dinge.«

»Gehe hinüber«, so wird ein namenloser Weiser in Franz Kafkas Prosaminiatur »Von den Gleichnissen« zitiert. Das große Thema der Religion, die »andere Seite«, verliert sich wie im Nebel, wird leichthin zu etwas Vagem. Was ist denn dort drüben? Der Erzähler schaut in eine merkwürdige Leere. Niemand kann etwas sagen davon – auch der Weise nicht, denn er ist hier wie wir und weist nur hinüber. Wer sich wirklich auf den Weg machen würde, hätte kein verläßliches Ziel, ja nicht einmal einen unzweifelhaften Grund für seinen Aufbruch. Es wäre auch nicht ausgemacht, ob der begrenzende Horizont nicht unentwegt mitgleiten würde. Ein Laufen »dorthin« ließe alle vorausgreifenden Begriffe und Erwartungen hinter sich. Wenn die Pragmatiker jedoch von der Nutzlosigkeit des Unfaßlichen sprechen, verharren sie genauso auf der Stelle wie jene, die ideologisch und dogmatisch das »Drüben« bereits »hierher« geholt zu haben meinen in ihren »religiösen Wahrheiten«. Wer dem Weisen folgen würde, ließe beides hinter sich und geriete in Unruhe. Ihm stünde kein verwertbares Wissen zur Verfügung, das von seinem Gehen selbst zu lösen wäre.

»Darauf sagte einer: ›Warum wehrt ihr euch? Würdet ihr den Gleichnissen folgen, dann wäret ihr selbst Gleichnisse geworden und schon der täglichen Mühe frei.‹

Ein anderer sagte: ›Ich wette, daß auch das ein Gleichnis ist.‹

Der erste sagte: ›Du hast gewonnen.‹

Der zweite sagte: ›Aber leider nur im Gleichnis.‹

Der erste sagte: ›Nein, in Wirklichkeit; im Gleichnis hast du verloren.‹«

Erzähler und Leser stehen verwirrt an einer Schwelle. Selbst der vehemente Fürsprecher einer »Nachfolge« weicht in den Konjunktiv aus. Der Text bleibt offen, läßt die unterschiedlichsten Folgerungen zu, und doch fehlt der Schlüssel.

»Folge mir nach!« sagte Christus, und ähnlich verwirrende Imperative gibt es in vielen Religionen. Denn der Satz führt in eine vergleichbare Unklarheit, sobald man weiter liest: »Wer mir nachfolgen will, der verleugne sich selbst und nehme sein Kreuz auf sich und folge mir nach. Denn, wer sein Leben erhalten will, der wird's verlieren ...« (Markus 8,34 f.) Wer verliert sich? Wer ist es, der sich verleugnet? Wer findet was? Wer geht zu welchem Ziel?

Buddha verlegte sich seinen Schülern gegenüber konsequent auf eine indirekte Lehre, auf die Umwege, die jeder selbst machen muß. Die Koans im Zen lösen Logik, Identitäten und rationales Denken ganz auf, um einer anderen Klärung und inneren Erleuchtung willen: »Mit leeren Händen gehe ich dahin, und siehe! Der Spaten ist in meinen Händen; / Ich wandere zu Fuß und reite dabei auf dem Rücken eines Ochsen; / Wenn ich über die Brücke schreite, / Siehe, so fließt nicht das Wasser, sondern die Brücke.« (Fu-tai-shi, 497-569)

Unwillkürlich geraten wir über solcherart Texten hinein in eine unbestimmte und doch von »anderswo« her bestimmend angezogene Bewegung, die in vielen Kulturen weder begrifflich geformt noch philosophisch oder ritualtheoretisch reflektiert, sondern schlicht rhythmisch vollzogen wurde – wie Essen und Trinken, Schlafen und Atmen. Noch ein Beispiel: Jeden Morgen ging Nasredin mit einem Esel über die Grenze. Das Tier trug immer zwei große Körbe voll Stroh. Den Grenzern gestand Nasredin frei heraus, daß er ein Schmuggler sei, und er wurde jedesmal durchsucht mit allen Mitteln und aller Genauigkeit. Die Strohballen wurden durchwühlt, gesiebt, ins Wasser getaucht und sogar mehrmals verbrannt. Aber man fand nie etwas, und Nasredin wurde immer reicher und wohlhabender. Schließlich setzte er sich zur Ruhe und zog fort. Nach Jahren traf ihn einer der damaligen Zollbeamten wieder und fragte:

»Nasredin, jetzt könnt Ihr es mir doch verraten. Was habt Ihr damals geschmuggelt, als wir nie etwas fanden?« Nasredin antwortete: »Esel.«

Diese mittelalterliche Anekdote läßt eine Regel für Grenzgänger aller Art aufblitzen: Je näher bei sich, um so sicherer ist das Versteck. Am besten bewegt man sich ohne viel Ballast, etwa auch dem von »Überzeugungen«. Wer »hinüber« will, darf im Gepäck keine sperrige »Hinterwelt« haben, wie Friedrich Nietzsche spottete.

Das Wort »Gebet« ist von solchen Geschichten, Gleichnissen und Koans umgeben, sie weisen auf dessen Bewegungsnatur. Diese treibt auch die vorliegende kleine Sammlung. Ihre Texte sind eine fragile Schmuggelware über die Grenzen von Kulturen und Zeiten hinweg, aber sie sind doch auch nur leeres Stroh, denn was sie bezeugen, ist nicht mehr als eine Geste: »Gehe hinüber!« Von hier nach dort, von einem Ort, wo ich stehe, hin auf eine Transzendenz, die es nur gibt als Horizontbildung, von diesem Punkt aus gesehen. Gehend erst verändert sich der Blick. Erst die Reise selbst wäre, wie bei Nasredin, der wirkliche Schmuggel.

Eine Sammlung von Gebeten zusammenzustellen ist so gesehen ein paradoxes Tun. Mir ist es anfänglich schwergefallen. Ein Gebet gibt es nur im Vollzug, und als Text ähnelt es der Asche in einer Urne. Worte und Sätze markieren hier immer nur etwas Abwesendes – und wenn sie nicht gar das *caput mortuum* von etwas Lebendigem sind, so ähneln sie doch zumindest Fährten im Schnee, wo ein Lebewesen war, aber es ist, sobald man darüber nachdenkt und schreibt, lange im Unterholz verschwunden. Höchstens als Vorlage zu einem Nachvollzug, als liturgisches Gebetbuch hätte so eine Sammlung Sinn – das aber ist hier nicht gewollt.

Warum dann ein solches Buch? Es will einen semantischen Raum erkunden, in dem sich die scheuen Individuen der Gebete aufhielten, und somit indirekt etwas von ihren Lebensbedingungen erkunden. Es will Echos erlauschen, Spuren lesen und Umstände verfolgen, unter denen Gebete im Horizont menschlichen Bewußtseins erschienen sind. Damit ist das, was ein Gebet ist, noch kaum berührt – aber sein Biotop wird betreten.

Was aber ist denn überhaupt ein »Gebet«? Unbestritten gebetserfahrene griechische Athosmönche schrieben: »Du aber, wenn du in deiner stillen Zelle sitzt und deinen Geist sammeln willst – ziehe diesen durch die Nase ein, durch die der Atem zum Herzen kommt, [...] dränge ihn ins Herz hinunter, zusammen mit der eingeatmeten Luft...« Für jene Ausgesonderten, die zurückgezogen auf einer Halbinsel in der Ägäis leben und seit Jahrhunderten in waghalsigen seelischen Expeditionen Wege »hinüber« erkunden, ist ein Gebet zunächst nichts als Hokken und Atmen. Jeder Gedanke an irgend etwas wird zurückgebunden an den einfachen Puls des Lassens und Empfangens. Vor der Sprache liegt der Atem. Von »hier«, aus dem Innersten, weist die Geste nach »dort«.

Was ist ein Gebet? Zu seinem Bewegungscharakter gehört, daß es sich im Weglosen findet. Erst im Gehen verfestigt sich eine

Richtung. Martin Luther kann in gewohnt emotionaler Über-spitzung sagen: »fides creatrix divinitatis«, der Glaube schafft die Gottheit. Das Gebet bringt sein »Du«, seinen Gott hervor – als eine Art Wegweiser. Dem entspricht die Etymologie des kleinen Wörtchens »Gott«. Es ist ursprünglich wohl ein Partizip Perfekt Passiv. Die indoeuropäische Wurzel *ghau (rufen, anrufen) ergibt *ghutom, das Angerufene oder der Angerufene. »Gott« als solches Partizip eines Verbs »rufen« hebt deutlich denjenigen hervor, der ihn ruft. Das ist in religiös pluralistischen Zeiten von höchster Bedeutung. In dem »Gott« eingeschlossen ist der, der ihn zu »Gott« macht, indem er ihn anbetet. »Gott« ist nicht *an sich* »Gott«, sondern er wird es durch die Betenden. Das heißt nun nicht, daß Beten ein rein selbstreflexiver Vorgang wäre. Der Gang »hinüber« – so bezeugen es zumindest Gläubige – führt nicht in einen Kreis, sondern ist erfaßt von einem Sog, einem Ruf, aber wo es hingeht, weiß der Betende noch nicht zu sagen. Er formt eine Vorstellung davon, den »Gott«, eine Wegmarke – und dazu braucht er Sprache und Bilder, Musik und Riten. Übung und Zweifel bilden das Schrittmaß.

SCHRITTFOLGEN

Beten hat dort, wo es auf Sprache trifft, einen genuin poetischen Zug – und auch daher entstand die Idee für solch eine literarische Sammlung. Wie das Gedicht ist das Gebet an der Grenze der vertrauten Sprache unterwegs und erkundet Räume, wo die Worte noch fehlen. Ein Gedicht, das dabei ist, zu entstehen, zeigt sich mir zuerst als eine verstörende Leere und Offenheit. Es birgt etwas, das es noch nicht gibt und das nur durch und in ihm selbst erscheinen kann – Fehlen als das Dämmern einer kommenden Gestalt. Das Gedicht findet zu sich selbst in einem suchenden Sprechen. Ein Leser führt diesen Impuls fort, wenn die Bilder und die Klänge der Wörter in ihm unmittelbar wirklich werden, und er staunt über »das schöpferische Vermögen des redenden Seins« (Gaston Bachlard). Das Gedicht führt ihn in seine eigene Fremde, und, wenn es gutgeht, ins Offene der Welt.

Ähnlich ist es mit dem Gebet, sobald es in einem sprachlichen Gewand auftritt. Ein betender Mensch spürt immer die Unzulänglichkeit seiner Ausdrucksformen. Jedes Wort zeigt so viel, wie es verbirgt. »Gott« wird für den Betenden wirklich in Sprachbildern und im Seelentaumel der Meditation, und zugleich verschwindet »ER« darin, und der Betende erlebt Gottesnähe und Einsamkeit in einem Atemzug, als ein Suchen und Sehnen.

Im Zusammenstellen der Gebetstexte aus verschiedensten Religionen und Kulturen sind mir verschiedene Motive aufgefallen, die immer wiederkehren und vielleicht etwas von den Gangarten des Gebetes sagen können.

Erhellung und Blendung

Bereits in einem antiken Text aus dem Großen Pariser Zauberpapyrus (S. 36), der dem Mithraskult zugeordnet wird, jagen sich die Gottesanreden in einer atemlosen Metaphernkette. Es ist, als würden die Bilder den Ausdruck ebenso fliehen wie ihm nachjagen, als sei ein Blitz eingeschlagen: grelles Licht, die Fülle schlägt um in Blendung.

Lichtmetaphern bestimmen in eigenwilliger Ambivalenz viele Gebetstexte. Licht erhellt und klärt. Es führt den Morgen herauf. Aber das Licht ist auch ein Raum der Offenbarung, und hier wird es schneidend und schmerzt. Erleuchtung ist nicht harmlos: »Was Sehkraft nicht erschauen kann, / Wodurch das Augenlicht gesehen wird, / Nur das, so wisse, ist der Urgrund, / Nicht das, dem man hier huldigt.« (Kena Upanisad, S. 43) Der Beter Arjuna ruft, als er den Gott Krishna erkennt: »Beim Anblick deiner Mäuler mit den schrecklichen Zähnen, / wie Feuer der Endzeit-Vernichtung, / weiß ich keinen Weg mehr, finde nirgends Schutz« (S. 31).

Anrufungen

In den Mythologien vieler Religionen besitzen die Namen Gottes magische Kräfte, sind Urklänge der Schöpfung und könnten bei ihrer Nennung IHN selbst ganz gegenwärtig sein lassen. Aber wer kann sie sagen? Jesus betet im vierten Buch der gnostischen Pistis Sophia nur noch Silben, die nicht zu verstehen sind (S. 37). In Zungenrede, im Lallen des Entrückten gerät das Gebet in merkwürdige Nähe zu Lautgedichten des Dadaismus. Der Betende kann nicht schweigen, aber er kann auch nicht sprechen, und so stammelt er: »aeēiou / iaō / aōi / ōia...« Wer hat das absolute Gehör, um hier zuverlässig Unsinn von Offenbarung zu unterscheiden?

Wo der Name nicht genannt wird, bleibt das »Du« als sprachliche Zeigegeste. Aber selbst dieses verhaltene Wörtchen fängt auf den Lippen der Betenden an zu tanzen, sich zu drehen und zu wenden: »Himmel – du, Erde – du, / Oben – du, unten – du ...« (Levi Jizchak von Berditschew, S. 44) Wer bin Ich? Wer bist Du? Wer so fragt, gerät in Unsicherheiten, welche viele Gebete durchdringen.

Hilfe und Bewahrung

»Unverwendbar im täglichen Leben«, das war in Kafkas Erzählung der Vorwurf der Pragmatiker. Die Religionsgeschichte und diverse Theorien von einer »Funktion der Religion« sprechen eine andere Sprache: Gebete sind »verwendbar«. Sie sind von jeher an Schwellen und Übergängen zu Hause, an Grenzen und Kratern, wo das Unvorhersehbare ins menschliche Leben eindringt. Sie sind dort nah, wo Angst und Unsicherheit herrschen, sie begleiten biographische Übergänge. In Gesellschaften, welche die Legitimität ihrer Ordnungen nicht allein auf den Menschen zurückführen, sind Gebete kollektive Anker in einem transzendenten Grund. Auch in der Moderne können sie helfen, bedrohliche »Komplexität zu reduzieren« und das Leben verständlich zu machen – so sagen es Soziologen wie Niklas Luhmann.

Da es aber für die Betenden um Kräfte geht, die über die vertraute Wirklichkeit hinausweisen, sind solche Zuschreibungen ambivalent. Das »ganz Andere« sickert ein und läßt »Funktionen« und »Zwecke« weit zurück. Denn niemand kann wissen, wohin Gebete führen. Mit einem Gehör aber rechnen sie. Wer gehört wird, beginnt, selbst zu lauschen. »Erhörung« begleitet das Gebet in der Erfahrung der Gläubigen darum nicht im Sinne selbstbezogener Erwartungen, sondern als Vertiefung von Fragen und Einsichten. So beschrieben viele Betende, wie ihr Sprechen ihnen als Sprechenden voraus sei. Als gäbe es sie selbst nur von ihrem göttlichen Gegenüber her, als eine Zueignung. Im Gebet werden sie vor Gott wirklich, und das heißt, in einem Atemzug destruiert in dem, was sie denken und wollen und von sich wissen, und zugleich neu geschaffen. So sagt Paulus mit aphoristischer Schärfe: »Ich lebe, doch nun nicht ich, sondern Christus lebt in mir.« (Galater 2,20)

Verwandlungen

Gebete greifen aus von Punkten, wo sich »etwas« zeigt, sei es im Modus Jahrhunderte überspannender kultureller Erinnerungen, sei es plötzlich und unerwartet. Was dabei den Menschen trifft, verlangt Antwort. Es wird gedeutet, und so entsteht ein Medium, ein Zwischenraum, der sowohl nach außen als auch nach innen gehört. Immer sind viele Reaktionen auf das Unerwartete möglich. So ist der Gebetssprache, wie überhaupt der Religion, eine wuchernde Pluralität immanent.

Gebete wurzeln in religiösen Traditionen, in Legenden, in Opferriten und Götterhierarchien, in Kreuz und Auferstehung, in Thora und Geboten, Ikonen und Meditationstechniken. Immer stehen sie in der Gefahr der Erstarrung. Religionen altern, Götter sterben – und doch ist, wie manche Texte dieses Buches zeigen, eine bestimmte betende Energie davon unberührt. Oft werden Formen der einen Religion dann auch von der anderen, jüngeren übernommen, weitergeführt, verwandelt, und Mischungen entstehen.

Eine jüdische Bekannte, eine Architektin, erzählte mir einmal von stadtplanerischen Versuchen in Beersheva, mit denen Beduinen in die Seßhaftigkeit gelockt werden sollten. Das Nomadentum wirft heute eigene soziale Probleme auf wie Schulpflicht, Kontoführung oder Postzustellung. Also begannen Architekten und Ethnologen, genau die Lebensgewohnheiten und Wohnbedürfnisse der Beduinen zu studieren und Häuser zu entwerfen, die gewissermaßen feste Zelte darstellten und doch den Standard von Einfamilienhäusern hatten. Eine Siedlung wurde an den Stadtrand gebaut. Die Beduinen waren hocherfreut, sie nahmen am Tag der festlichen Übergabe die Bauwerke dankbar in Augenschein. Sie zogen auch überraschend schnell ein. Nur mit einer kleinen Funktionsveränderung: Sie trieben ihre Ziegen in die Häuser. Dort schauten die Tiere verdutzt aus den Fenstern. Die Beduinen aber bauten in den Vorgärten ihre Zelte auf.

So ähnlich sind immer wieder Gebete in frühere Formen einbezogen: Sie haben ihr Wertvollstes, ihr Wichtigstes hineingetragen – und doch ist etwas anderes daraus geworden.

ES GIBT KEINEN WEG

So komme ich noch einmal auf die Gattung »Gebet« zurück. Sehr unterschiedlich sind die Kontexte, in denen Gebete als solche identifiziert werden. Buddhismus und Mystik betonen den Weg der Verneinung alles Gesagten. Andernorts wurzelt das Gebet als Fassadenbepflanzung am Rand großer ritueller Komplexe, wie etwa der Opferzeremonien im alten Indien. Im westlichen Christentum ist Gebet ein individueller Ausdruck. Anderswo ist Beten Trance und Verlöschen des Bewußtseins. Gebet kann Tanz und Gesang sein. Es geht in manchen archaischen Schwellenriten mit körperlichem Schmerz und Sexualität einher. Das Gebet kann reflexiv werden, kann die eigene Unmöglichkeit beklagen und zur Frage werden im Undenkbaren: »Dein Gesicht, das quälend umrißlose, / Tief im Dunst – ich machts nicht aus.« (Ossip Mandelstam, S. 85)

Und so beginnt wieder das Gehen »hinüber«, Schritt für Schritt, und was der Weg ist, weiß ich nicht genau. »Caminante, no hay camino, hay que caminar«, diese Worte hat Luigi Nono auf einer Klostermauer in Toledo gelesen und in einer seiner letzten Kompositionen vertont (»Hay que caminar« soñando, für zwei Violinen). Man kann das spanische Wortspiel schwer übersetzen, sinngemäß so: Wanderer, es gibt keinen Weg, man muß gehen. So ist diese Sammlung eine vorsichtige Spurenlese, ein Blick zurück, und wer nach vorn sieht, kann noch nichts erkennen. Oder man kehrt mit Meister Eckart die Schlußfolgerung um und ist wiederum mitten im Paradox: »Der wahrhaft Betende weiß nicht, daß er betet.«

VERZEICHNIS DER GEBETSTEXTE

(in Klammern Seitenzahl der Anmerkungen)

An den Grenzen der Sprache

Du!

RECHTENACHWEISE

Wir danken den Verlagen für die Genehmigung zu Nutzung und Wiederabdruck folgender Texte.

S. 13: Czesław Milosz, *Vom Gebet*, aus: *DAS und andere Gedichte*, aus dem Polnischen übersetzt von Doreen Daume © 2004 Carl Hanser Verlag GmbH & Co. KG, München.

S. 17: Gerard Manley Hopkins: *Durchwirkte Schönheit*, aus: Gerard Manley Hopkins, *Sonnets*, übertragen von Wolfgang Kaußen, Frankfurt am Main: Verlag S. P. Q. 1995.

S. 20: Jan Assmann, *Aus dem Großen Sonnenhymnus des Pharao Echnaton*, aus: *Texte aus der Umwelt des Alten Testaments*, herausgegeben von Otto Kaiser, Bd. 2, Lieferung 6: Lieder und Gebete, Mohn: Gütersloh 1991.

S. 23: Laudse, *Das Dau*, aus: *Daudesching*, aus dem Chinesischen übersetzt und herausgegeben von Ernst Schwarz, Leipzig: Reclam 1978.

S. 30: *Yoga der Schau der kosmischen Gestalt*, aus: Michael von Brück (Hg.), *Bhagavad Gita. Der Gesang des Erhabenen* © 1993 Kösel-Verlag, München, in der Verlagsgruppe Random House GmbH, München.

S. 37: *Gebet Jesu*, aus: *Pistis Sophia*, Codex Askewianus, übersetzt von Carl Schmidt und Wilhelm Till, in: *Neutestamentliche Apokryphen in deutscher Übersetzung*, herausgegeben von Wilhelm Schneemelcher, Bd. 1: Evangelien © J.C.B. Mohr (Paul Siebeck): Tübingen 1990.

S. 44: Martin Buber, *Die Erzählungen der Chassidim* © 1949 Manesse Verlag, Zürich, in der Verlagsgruppe Random House GmbH, München.

S. 60: *Segensgebet zum Abendmahl*, aus: *Didache. Traditio Apostolica (Zwölf-Apostel-Lehre. Apostolische Überlieferung)*, herausgegeben und übersetzt von Georg Schöllgen, Fontes Christiani 1 © 1991 Verlag Herder GmbH, Freiburg i. Br.

S. 64: *Orphischer Hymnus*, aus: Johannes Leipoldt und Walter Grundmann (Herausgeber), *Umwelt des Urchristentums*, Bd. 2: *Texte zum neutestamentlichen Zeitalter* © Evangelische Verlagsanstalt GmbH, Berlin 1967.

S. 70: *Gebet der Burjaten beim großen Pferdeopfer*, aus: Wilhelm Schmidt, *Der Ursprung der Gottesidee*, Bd. 10: *Die asiatischen Hirtenvölker* © Aschendorff Verlag, Münster 1952.

S. 72: Aischylos, *Chor der thebanischen Jungfrauen*, aus: *Die Tragödien*, Übersetzungen mit Anmerkungen von Emil Staiger und Walther Kraus, Philipp Reclam jun.: Stuttgart 2002.

S. 74: *An Ischtar*, aus: *Christus und die Religionen der Erde*, herausgegeben von Franz König, Bd. 2 © 1952 Verlag Herder GmbH, Freiburg i. Br.

S. 76: Hirata Atsutane, *Gebet*, aus: Helmer Ringgren / Ake von Ström, *Die Religionen der Völker. Grundriß der allgemeinen Religionsgeschichte* © Alfred Kröner Verlag GmbH, Stuttgart 1959.

S. 82: Paul Celan, *Tenebrae*, aus: Paul Celan, *Sprachgitter* © S. Fischer Verlag GmbH: Frankfurt am Main 1959.

S. 92: *Aus dem Ägyptischen Totenbuch*, aus: Ägyptische Religion. *Totenliteratur*, aus dem Ägyptischen übersetzt und herausgegeben von Jan Assmann und Andrea Kucharek, Verlag der Weltreligionen: Frankfurt am Main 2008.

S. 96: *Aus den ägyptischen Pyramidentexten, aus:* Ägyptische Religion. *Totenliteratur*, aus dem Ägyptischen übersetzt und herausgegeben von Jan Assmann und Andrea Kucharek, Verlag der Weltreligionen: Frankfurt am Main 2008.

S. 100: Platon, *Gebet*, aus: *Werke in acht Bänden*, herausgegeben von Gunther Eigler, bearbeitet von Dietrich Kurz, deutsche Übersetzung von Friedrich Schleiermacher und Dietrich Kurz, Bd. 5 © Wissenschaftliche Buchgesellschaft, Darmstadt 2011.

2. Auflage 2022. © Insel Verlag Berlin 2019. Abbildungen © Michael Triegel 2019. Weitere Rechtenachweise im Quellenverzeichnis S. 141. Alle Rechte vorbehalten, insbesondere das der Übersetzung, des öffentlichen Vortrags sowie der Übertragung durch Rundfunk und Fernsehen, auch einzelner Teile. Kein Teil des Werkes darf in irgendeiner Form (durch Fotografie, Mikrofilm oder andere Verfahren) ohne schriftliche Genehmigung des Verlages reproduziert oder unter Verwendung elektronischer Systeme verarbeitet, vervielfältigt oder verbreitet werden. Bezugspapier: Michael Triegel, Leipzig. Gesetzt in der Schrift Linux Libertine. Gedruckt auf holzfreies, alterungsbeständiges mattgestrichenes Papier der Firma Inapa, Hamburg, von der Memminger MedienCentrum AG. Gebunden in Fadenheftung von der Josef Spinner Großbuchbinderei GmbH, Ottersweier. Dieses Buch wurde klimaneutral produziert: climatepartner.com/14438-2110-1001. Printed in Germany. Erste Auflage 2019. ISBN 978-3-458-19470-5.
www.insel-verlag.de